地理

1 世界のすがた

入試重要ポイント TOP3

JN024985

1 地球と世界の国々

(1) **地球**……陸地：海洋 ＝ 3：7。六大陸と三大洋。

(2) **六州**……アジア州・ヨーロッパ州・アフリカ州・北アメリカ州・南アメリカ州・オセアニア州。

▲六大陸と三大洋

(3) **世界の国々**……約 200 か国に約 78 億人。↓2020年 ロシア連邦 ↓面積世界最大 ・中国 ↑約14億人，人口世界最多(2020年) 。島国（海洋国）や内陸国など。

(4) **国境**……国と国との境。自然的国境と人為的国境。
↳自然の地形を利用　　　　↳経線や緯線などを利用

2 地球上の位置と地図

(1) **緯度と経度**……国や都市の位置を表す角度。同緯度を結んだ**緯線**，同経度を結んだ**経線**。

(2) **赤道**…… 0 度の緯線。赤道以北は**北半球**（北緯），以南は南半球（南緯）。
↑北半球と南半球で季節が逆になる

(3) **本初子午線**…… 0 度の経線。イギリスのロンドンにある旧グリニッジ天文台を通る。本初子午線以東は東経，以西は西経。

(4) **地図**……メルカトル図法，正距方位図法，モルワイデ図法。
↳経線と緯線が直交する　↳中心からの距離と方位が正確　↳面積が正確

▲地球上の位置

入試得点アップ

地球と世界の国々

① **地球**…赤道約 4 万km。

② **アジア州**…東，東南，南，中央，西，シベリアに細分化できる。

③ **人口密度**…人口を面積で割った値。1 km² あたりの人口を表す。

地球上の位置と地図

① **メルカトル図法**

② **正距方位図法**

③ **モルワイデ図法**

サクッと確認

① 世界最大のユーラシア大陸には，ヨーロッパ州と何州が含まれますか。

② 日本など，周囲を海に囲まれた国を何といいますか。

③ イギリスのロンドンを通る，経度 0 度の線を何といいますか。

④ 赤道と平行に引かれた線を何といいますか。

⑤ 赤道より北側の緯度を何といいますか。

⑥ 日本の季節が夏のとき，オーストラリアの季節は何ですか。

⑦ 緯線と経線が直角に交わり，航海図に使われる図法を何といいますか。

① アジア州

② 島国（海洋国）

③ 本初子午線

④ 緯　線

⑤ 北　緯

⑥ 冬

⑦ メルカトル図法

やってみよう!入試問題

1 次の問いに答えなさい。

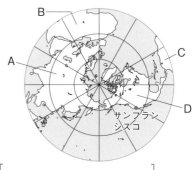

(1) 右の地図について述べた次の文の□□□に共通して
あてはまる語句を答えなさい。[　　　　　]〔北海道〕

> 地図は赤道より□□□側の陸地と海洋を示し
> ており,日本は□□□半球に位置している。

(2) 地図中のAの大陸は,六大陸のうちもっとも面積が
広く,アジア州とヨーロッパ州を含んでいます。こ
の大陸名を答えなさい。[　　　　　]〔北海道〕

(3) 地図中の中心点からみたサンフランシスコの方位として適切なものを,次の**ア〜エ**から
1つ選び,記号で答えなさい。[　　　　　]〔和歌山一改〕

　　ア 北東　　**イ** 北西　　**ウ** 南東　　**エ** 南西

(4) 三大洋のうち,B,C,Dの大陸が共通して面している海洋名を答えなさい。
[　　　　　]〔北海道〕

(5) 右の表は,面積の広い国の上位5位
までを示しています。□□□にあて
はまる国名を答えなさい。
[　　　　　]〔北海道一改〕

順位	1位	2位	3位	4位	5位
国名	□□□	カナダ	アメリカ合衆国	中　国	ブラジル
面積(千㎢)	17098	9985	9834	9600	8516

(2019年)　　　　　　　　　　　　　　(2021/22年版「世界国勢図会」)

2 地図を見て,次の問いに答えなさい。

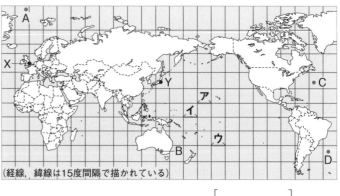

(経線,緯線は15度間隔で描かれている)

(1) 経度0度の線が通るXの都
市を首都とする国の名を答
えなさい。
[　　　　　]〔北海道〕

↓ 下の ⚠ココ注意! を見よう!

(2) 右の地図上で,同じ長さで
表されている**ア〜ウ**のうち,
実際の長さがもっとも短い
ものを1つ選び,記号で答
えなさい。
[　　　　　]〔富山一改〕

(3) 上の地図のYの対せき点(地球上の正反対の地点)として適切なものを,A〜Dから1
つ選び,記号で答えなさい。[　　　　　]〔兵庫一改〕

> ⚠ココ注意! 緯線(いせん)は赤道がもっとも長くなり,高緯度になるほど短い。赤道の位置を正しく理解しよう。

2 地理 日本のすがた

入試重要ポイント TOP3

時差計算	排他的経済水域	北方領土
2 地点間の経度差÷15 度で求めることができる。	領海の外側で沿岸から 200 海里までの海域。	戦後、ソ連が占領し、ロシアが引き継ぎ不法占拠。

1 日本の位置

(1) 位置……ユーラシア大陸の東にある島国。およそ北緯 20 ～ 46 度，東経 122 ～ 154 度に位置する。

(2) 時差……日本の標準時子午線は東経 135 度。地球は 24 時間で 360 度回転する（360÷24 ＝ 15）⇒経度 15 度で 1 時間の時差。
　　　　└兵庫県明石市を通る

2 日本の領域

(1) 島国……本州・北海道・九州・四国と約 7000 の島々からなる。

(2) 日本の広さ……国土面積は約 38 万 km²。日本列島の長さは約 3000 km。

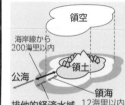

▲日本の領域と排他的経済水域

(3) 領域……領土・領海・領空で構成。領海と，接続水域を含む排他的経済水域を合わせると国土の 10 倍以上。
　　└沿岸から 12 海里の範囲　　　　└海岸線から 200 海里（約 370km）内の，領海を除く海域

(4) 領土をめぐる問題……①北方領土（択捉島・国後島・色丹島・歯舞群島）─ロシア連邦が不法占拠。②竹島─韓国が不法占拠。
　　　　　　　　　　　　　　└北海道　　　　　　　　　　　　　　　　　　　　　└島根県
③尖閣諸島─領土問題はないが，中国と台湾が領有権を主張。
　└沖縄県

(5) 都道府県……日本の地方行政単位。1 都 1 道 2 府 43 県。北海道地方，東北地方，関東地方，中部地方，近畿地方，中国・四国地方，九州地方に分ける 7 地方区分。

(6) 都道府県庁所在地……政治の中心的役割をになう機関が集中。

(7) 都道府県境……都道府県の境界線。山地や河川などの自然の地形に沿って引かれる場合が多い。

入試得点アップ

日本の位置

① **日本と同じ緯度の国**　韓国，イラン，エジプト，スペイン，アメリカ合衆国など。

② **日本と同じ経度の国**　オーストラリア，パプアニューギニアなど。

日本の領域

① **日本の端の島**…北─択捉島（北海道・ロシア連邦が占拠），東─南鳥島（東京都），南─沖ノ鳥島（東京都），西─与那国島（沖縄県）。

② **領域**

③ **排他的経済水域**…水域内の水産資源や鉱産資源は沿岸国が管理できる。

④ **公海**…各国が自由に航行でき，経済活動も行える海域。

サクッと確認

① 日本の標準時子午線の経度を答えなさい。	① 東経 135 度
② 日本の南端の島を何といいますか。	② 沖ノ鳥島
③ ロシア連邦が不法占拠している 4 島をまとめて何といいますか。	③ 北方領土
④ 竹島を不法占拠している国はどこですか。	④ 韓　国

やってみよう！入試問題

解答 p.2

⏱10

1 次の問いに答えなさい。

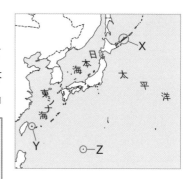

(1) 地図中のX〜Zの島について，次の文中の①〜③にあてはまるものをあとの**ア〜オ**から1つずつ選び，記号で答えなさい。　〔神奈川―改〕

> 右の地図中のX〜Zは，日本の領土の端にある島を示しています。このうちXの島は ① ，Yの島は ② ，Zの島は ③ です。

① [　　　　] ② [　　　　] ③ [　　　　]

ア 与那国島　**イ** 国後島　**ウ** 択捉島　**エ** 沖ノ鳥島　**オ** 南鳥島

(2) 日本が3月3日午前6時のとき，ニューヨークは3月何日の何時ですか。次から1つ選び，記号で答えなさい。なお，日本の標準時は東経135度の経線，ニューヨークの標準時は西経75度の経線で決められています。　[　　　] 〔新潟―改〕

　ア 3月2日の午後4時　**イ** 3月2日の午後8時　**ウ** 3月3日の午前0時

　エ 3月3日の午後0時　**オ** 3月3日の午後4時　**カ** 3月3日の午後8時

2 次の問いに答えなさい。

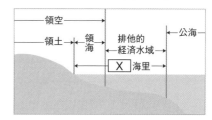

(1) 右の図中の X にあてはまる数字を答えなさい。
[　　　] 〔和歌山〕

(2) 国家の主権がおよぶ範囲について，次から適切なものをすべて選び，記号で答えなさい。　〔和歌山〕

[　　　]

　ア 領土　**イ** 領海　**ウ** 排他的経済水域　**エ** 公海　**オ** 領空

(3) 右のグラフは，アメリカ合衆国と日本の国土面積をそれぞれ100として算出したときの排他的経済水域の面積を表したものです。グラフの**ア・イ**のうち，日本はどちらにあたるか記号で答えなさい。また，そのように判断した理由を，日本の国土の特色にふれながら，「国土面積」という語句を用いて答えなさい。

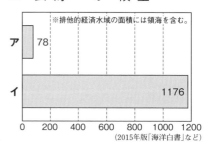

※排他的経済水域の面積には領海を含む。

ア 78

イ 1176

0 200 400 600 800 1000 1200

(2015年版「海洋白書」など)

記号 [　　　]

理由 [　　　　　　　　　　　　　　　　　　　　　　　]

〔宮崎―改〕

経度15度で1時間の時差が生じる。東半球と西半球の場合，東半球の方が時間は進んでいる。

3 世界のさまざまな地域 ①

地理

[月 日]

入試重要ポイント TOP3

タイガ	イスラム教	経済特区
冷帯(亜寒帯)地域で見られるエゾマツなどの針葉樹林。	開祖ムハンマド。聖地メッカ。キリスト教に次ぎ信者が多い。	中国の南部のシェンチェンなど外国企業の誘致地区。

1 世界の人々のくらしと気候

(1) **熱帯**……年中高温。

(2) **温帯**……四季の変化。

(3) **冷帯(亜寒帯)**……冬厳寒。
  └北半球にのみ存在, タイガが広がる

(4) **寒帯**……年中低温。
  └平均気温が0℃以下

(5) **乾燥帯**……降水量極少。
  └遊牧やオアシスでの農業中心

(6) **住居**……熱帯の高床住
  居。シベリアの高床建
  └湿気を防ぐ
  物。乾燥帯の日干しれんが造り住居。
  └永久凍土がとけるのを防ぐ

(7) **宗教**……ヨーロッパ, 南北アメリカの<u>キリスト</u>教, 西アジアの
  イスラム教, 東・東南アジアの**仏教**。インドの<u>ヒンドゥー</u>教など。

▲世界の気候帯

凡例:
- 熱帯雨林気候
- 地中海性気候
- サバナ気候
- 西岸海洋性気候
- 砂漠気候
- 冷帯(亜寒帯)気候
- ステップ気候
- ツンドラ気候
- 温暖湿潤気候
- 氷雪気候
- 高山気候

2 アジア州

(1) **東アジア**……中国は米・<u>小麦</u>の生産世界1位。**経済特区**。沿岸
  部と内陸部の**経済格差**。<u>一人っ子政策廃止</u>。9割が漢族。
  └2018年

(2) **東南アジア**……米の**二期作**, **プランテーション**。**ＡＳＥＡＮ**。
  └イギリスから独立   └東南アジア諸国連合

(3) **南アジア**……インドの情報通信技術(ＩＣＴ)産業が成長。

(4) **西アジア**……ペルシア湾岸で石油。**ＯＰＥＣ**で結びつく。
  └わんがん   └石油輸出国機構

3 ヨーロッパ州

(1) **気候**……北大西洋海流と偏西風の影響で高緯度のわりに温暖。
  └へんせいふう えいきょう └いど

(2) **農業**……**混合農業**・**地中海式農業**・**酪農**。
  └穀物栽培と家畜の飼育 └らくのう
  └夏に果樹, 冬に小麦栽培

(3) **鉱工業**……<u>ライン</u>川の水運を利用したルール工業地域が中心。

(4) **ＥＵ**……共通通貨**ユーロ**が流通。経済格差問題。
  └ヨーロッパ連合, 2020年にイギリスが離脱

サクッと確認

① 中国の沿岸部で, 外国企業を誘致した地域を何といいますか。
  └きぎょう ゆうち

② 東南アジア諸国連合の略称は何ですか。

③ ヨーロッパの気候に影響を与えるのは, 北大西洋海流と何ですか。
  └あた

① <u>経済特区</u>

② <u>ＡＳＥＡＮ</u>

③ <u>偏西風</u>

入試得点アップ

世界の人々のくらしと気候

① **熱帯**…熱帯雨林気候, サバナ気候。

② **温帯**…温暖湿潤気候, 地中海性気候, 西岸海洋性気候。
  └しつじゅん

③ **冷帯(亜寒帯)**…ユーラシア大陸や北アメリカ大陸の北部, 日本の北海道など。

④ **寒帯**…ツンドラ気候, 氷雪気候。

⑤ **乾燥帯**…砂漠気候, ステップ気候。
  └さばく

⑥ **高山気候**…アンデス山脈など。

アジア州

① **ＢＲＩＣＳ**…経済成長が著しく進む, ブ
  └ブリックス └いちじる
  ラジル, ロシア連邦, インド, 中国, 南アフリカ共和国の総称。
  └れんぽう   └そうしょう

② **カースト制度**…インドに残るきびしい身分制度。

ヨーロッパ州

★ **民族と宗教**

ゲルマン民族(プロテスタント)
スラブ民族(正教会)
ラテン民族(カトリック)

やってみよう！入試問題

解答 p.3

目標時間 10 分

　　分

1 次の問いに答えなさい。

(1) 地図中の都市W〜Zにあてはまる雨温図を，右下の**ア〜エ**から１つずつ選び，記号で答えなさい。〔神奈川〕

W [　　　　] X [　　　　]

Y [　　　　] Z [　　　　]

(2) 右の図は，地図中のヤクーツクの住居の模式図です。この工夫で，どのようなことを防ごうとしているかを解答欄の書き出しに続けて答えなさい。

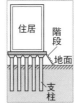

[冬の暖房の熱によって

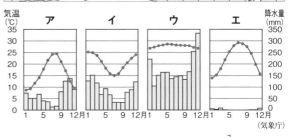
(気象庁)
〔鹿児島一改〕

2 次の問いに答えなさい。

(1) 地図Ⅰ中の**ア〜エ**から赤道を１つ選び，記号で答えなさい。[　　　　]〔石川一改〕

(2) 地図Ⅰ中のX国，Y国についての次の文中の（　a　），（　b　）にあてはまる語の組み合わせを，あとの**ア〜エ**から１つ選びなさい。[　　　　]〔岐阜〕

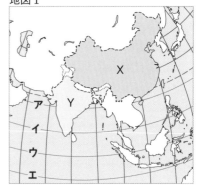
地図Ⅰ

> X国では，（　a　）部のシェンチェンなどに経済特区を設けている。Y国は公用語の１つが（　b　）であることを背景に，欧米の企業と結びついている。

ア a―沿海 b―英語　**イ** a―沿海 b―スペイン語

ウ a―内陸 b―英語　**エ** a―内陸 b―スペイン語

(3) 地図Ⅱ中の，一部がドイツとフランスの国境として利用される国際河川であるXの河川名を答えなさい。[　　　　]〔佐賀〕

地図Ⅱ

(4) 地図Ⅱ中の■■で示した地域でおもに栽培される農作物を，次から１つ選び，記号で答えなさい。[　　　　]〔山口一改〕

ア 小麦　**イ** アブラヤシ　**ウ** 天然ゴム　**エ** 米

> 赤道付近は年中高温。北半球の冬は南半球の夏など，北半球と南半球では季節が逆になる。

4 地理 世界のさまざまな地域 ②

入試重要ポイント TOP3

モノカルチャー経済
特定の農産物や鉱産資源に頼る経済。発展途上国に多い。

適地適作
気候や土地条件などに合った農作物を栽培。

多国籍企業
世界各地に販売会社や工場をつくっている企業。

1 アフリカ州

(1) 歴史……ヨーロッパ諸国の植民地だったが，戦後次々に独立。
（第二次世界大戦後）

(2) 産業など……プランテーションで**カカオ**栽培。**レアメタル**が豊
（ギニア湾岸のコートジボワール）

富。**モノカルチャー経済**からの脱却（だっきゃく）が課題。サヘルの砂漠化（さばくか）。
「サハラ砂漠の南の縁」

2 北・南アメリカ州

(1) **アメリカ合衆国**……ヒ
スパニックなどの**移民**
の国。**適地適作**で大規
（「世界の食料庫」）
模農業。五大湖沿岸の
工業地域。サンフラン
シスコ郊外（こうがい）の**シリコン**
（ハイテク（先端技術）産業）
バレー，北緯 37 度以南のサンベルトに多国籍企業（たこくせききぎょう）。
（安い土地や労働力，鉱産資源があり発展）

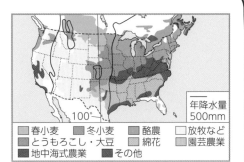

年降水量 500mm

▨ 春小麦	▨ 冬小麦
▨ とうもろこし・大豆	▨ 綿花
▨ 地中海式農業	□ その他

▨ 酪農	□ 放牧など
	▨ 園芸農業

▲アメリカ合衆国・カナダの農業地域

(2) **カナダ・メキシコ**……アメリカ合衆国が最大の貿易相手国。

(3) **ブラジル**……**コーヒー豆**や**バイオ燃料**となる**さとうきび**の栽培。
（ポルトガルが植民地化，他の南アメリカ諸国はスペインが支配）
BRICSの1つ。日系人が最多。セルバでは森林破壊（はかい）が進む。

(4) **アルゼンチン**……**パンパ**で小麦の栽培や肉牛の放牧。

3 オセアニア州

(1) 文化……**アボリジニ**や**マオリ**などの先住民。イギリスの影響（えいきょう）。
（オーストラリア）（ニュージーランド）

(2) **オーストラリア**……白人以外の移民を抑制（よくせい）した**白豪主義**（はくごう）を撤廃
し，**多文化社会**。露天（ろてん）掘りでの石炭，鉄鉱石の海外輸出。
（多くの民族が共存し，互いの文化を尊重する）

入試得点アップ

アフリカ州

★ **アパルトヘイト**…南
アフリカ共和国での
人種隔離（かくり）政策で，
1991 年に撤廃（てっぱい）。

北・南アメリカ州

① **北アメリカの地形**

② **南アメリカの地形**

オセアニア州

★ **オセアニアの地域区分**

サクッと確認

① メキシコなどスペイン語を話す国からの移民を何といいますか。　① <u>ヒスパニック</u>

② その土地の気候条件に合ったものを栽培することを何といいますか。　② <u>適地適作</u>

③ 日系人が多く，ポルトガル語が公用語となっている国はどこですか。　③ <u>ブラジル</u>

④ 南アメリカの先住民と白人の混血を何といいますか。　④ <u>メスチソ</u>

⑤ ニュージーランドの先住民を何といいますか。　⑤ <u>マオリ</u>

やってみよう!入試問題

解答 p.3

⏱-10

目標時間 10 分

〔　　　〕分

1 次の問いに答えなさい。

地図Ⅰ

（2022年版「データブック オブ・ザ・ワールド」）

(1) 地図Ⅰ中のY国は，カカオ豆の生産量が世界一多い国です。この国名を次から1つ選びなさい。〔　　　〕

ア エジプト　　イ ケニア　　ウ コートジボワール

(2) 地図Ⅰのようにアフリカの多くの国々では，ヨーロッパの言語が公用語として使用されています。その理由を，アフリカの歴史をふまえて簡単に答えなさい。〔佐賀〕

〔

2 次の問いに答えなさい。

地図Ⅱ

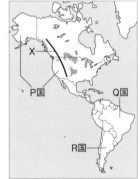

(1) 地図Ⅱ中のXの山脈を何といいますか。〔和歌山一改〕〔　　　〕

(2) 地図Ⅱ中の▨で示した地域でおもに栽培される農作物を，次のア〜エから1つ選び，記号で答えなさい。〔　　　〕〔山口〕

ア 小麦　　イ 大豆　　ウ 綿花　　エ とうもろこし

(3) 地図Ⅱ中のP国〜R国の説明としてあてはまるものを，次のア〜エから1つずつ選び，記号で答えなさい。〔佐賀一改〕

P国〔　　　〕　Q国〔　　　〕　R国〔　　　〕

ア 原油の輸出で得た資金を使って，乾燥した場所でも農業ができるようになった。

イ パンパと呼ばれる大平原が広がり，牛の放牧や小麦の栽培がさかんに行われている。

ウ さとうきびをもとにバイオ燃料の開発が進み，それを使った自動車も普及している。

エ シリコンバレーでコンピュータや半導体関連の先端技術産業が発達している。

3 オーストラリアについて，次の問いに答えなさい。

この国について説明した次の文中の（ a ）・（ b ）にあてはまる語を，あとのア〜クから1つずつ選び，記号で答えなさい。　a〔　　　〕　b〔　　　〕〔佐賀一改〕

　この国には，先住民の（ a ）が住んでいたが，18世紀ごろから移住した（ b ）系の人々により国づくりが行われた。現在は，アジア諸国との結びつきが強くなっている。

ア マオリ　　イ アボリジニ　　ウ インディオ　　エ ネイティブアメリカン

オ ドイツ　　カ フランス　　キ イギリス　　ク チリ

> ココ注意！ アメリカ合衆国の農牧業は，適地適作で行われている。地図をもとに理解しておく。

サクッ!と入試対策 ❶

解答 p.4

目標時間 10 分

[   ] 分

1 地図Ⅰ(緯線と経線が直角に交わった地図)と地図Ⅱ(東京からの距離と方位が正しく表された地図)を見て，あとの問いに答えなさい。

地図Ⅰ

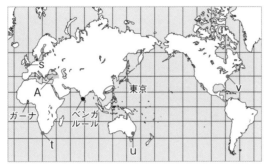

地図Ⅱ

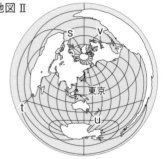

(1) 地図Ⅰ・Ⅱを参考にして，次の問いに答えなさい。　　　　　　　　　　　　　〔福島〕

① 東京から見たA国の方位を次から1つ選び，記号で答えなさい。　[　　　　　]

　　ア 東　　イ 北東　　ウ 西　　エ 北西

② s～vの都市のうち，東京から距離がもっとも遠いものを1つ選びなさい。[　　　]

③ s～vの都市が，共通して属する気候帯名を答えなさい。　　[　　　　　]

(2) 地図Ⅰの●で示したベンガルールでは，アメリカ合衆国との結びつきが強い[　a　]関連の産業がさかんです。また，◯で囲んだ地域には，中国が外国の企業を受け入れるために設けた[　b　]と呼ばれる5つの地域があります。[　a　]にあてはまる語句を次から1つ選び，記号で答えなさい。また，[　b　]にあてはまる語を答えなさい。

　　　　　　　　　　　　　　　　a[　　　　　]　b[　　　　　]　〔熊本〕

　　ア 石油　　イ 鉄鋼　　ウ ICT

(3) 地図Ⅰのガーナでは，カカオなどを生産する，植民地時代に開かれた大規模農園が見られます。この大規模農園の名称を答えなさい。　[　　　　　]　〔三重〕

2 次の問いに答えなさい。

(1) 日本は，世界有数の水産国として発展してきましたが，各国が排他的経済水域を設定したことなどから，漁獲量が減少しています。この排他的経済水域とはどのような水域のことか，「200海里」という語句を使って答えなさい。

[　　　　　　　　　　　　　　　　　　　　　　　　　　　　　　　　]　〔岐阜—改〕

(2) 日本を7地方に区分したとき，関東地方に接する東北地方の県名を答えなさい。

[　　　　　　　　　　　　　　　　　　　　　　　　　]　〔和歌山〕

間違えやすい 距離や方位を見るときは地図Ⅰのメルカトル図法ではなく，地図Ⅱの正距方位図法を見て考える。

サクッ!と入試対策 ❷

解答 p.4

目標時間 10 分

□ 分

1
EU結成の目的を，右の資料を参考にして，「統合」「大国」の2語を用い，あとの形式に合うように，25字以上35字以内で答えなさい。〔島根一改〕

EUがつくられたのは，

（　　　　　　　　　　　　　）ため。

[　　　　　　　　　　　　　　　　　　　　　　　　　]

EUとアメリカ合衆国との比較

面積(万km²)		人口(億人)	
EU(27か国)	413	EU(27か国)	4.5
アメリカ合衆国	983	アメリカ合衆国	3.3

GDP(兆ドル)		貿易額(兆ドル)	
EU(27か国)	15.6	EU(27か国)	11.3
アメリカ合衆国	21.4	アメリカ合衆国	4.1

(2019年) ※EUはイギリスを除く。　(2021/22年版「世界国勢図会」)

2
次の問いに答えなさい。〔熊本一改〕

(1) 地図中の●，▲，□は，あとの**ア～ウ**のいずれかの鉱産資源のおもな産出地を示しています。あてはまるものを1つずつ選び，記号で答えなさい。

●[　　　　]　▲[　　　　　]　□[　　　　　]

ア 原油　**イ** 石炭　**ウ** 鉄鉱石

(2) 地図中のXの，北緯37度の緯線より南の，工業がさかんになっている地域を何と呼びますか。また，シリコンバレーの位置を地図中の**ア～エ**から1つ選び，記号で答えなさい。　**地域**[　　　　　　]　**位置**[　　　]

3
次の問いに答えなさい。

(1) 地図I中のXは，北緯10度の緯線を示しています。線Xと同じ緯度を示す線を，地図II中の**ア～エ**から1つ選び，記号で答えなさい。　[　　　　]〔熊本一改〕

(2) 右の資料は，地図I中のY国での生産量が多い，ある農産物の生産量上位国を示しています。この農産物を次から1つ選びなさい。　[　　　　]〔大阪一改〕

ア 米　**イ** 小麦　**ウ** 綿花　**エ** とうもろこし

資料

11.5億t

アメリカ合衆国 30.2%	中国 22.7	Y国8.8	その他 38.3

(2019年)　(2021/22年版「世界国勢図会」)

(3) 地図II中の●，▲，■は，あとの**ア～ウ**のいずれかの鉱産資源のおもな産出地を示しています。あてはまるものを1つずつ選び，記号で答えなさい。〔福井一改〕

●[　　　　]　▲[　　　　]　■[　　　　]

ア 石炭　**イ** 金　**ウ** ボーキサイト

赤道は，アマゾン川の河口付近やインドネシアを通る。北緯10度は，その北部を通る。

入試重要ポイント TOP3

リアス海岸
山地が沈んでできた，複雑で入り組んだ海岸地形。

季節風
気候に影響を与える，夏は南東，冬は北西から吹く風。

少子高齢化
人口減少，労働力不足などの問題がおきる。

5 地理 地域調査，日本の地域的特色 ①

1 地域調査の手法

(1) 地形図……国土地理院が発行。上が北を示す。

(2) 実際の距離(きょり)……地形図上の長さ×縮尺の分母。

2 地形と気候

(1) 世界の地形……**環太平洋造山帯**と**アルプス-ヒマラヤ造山帯**に
　　↳日本列島やロッキー山脈，アンデス山脈
　　地震(じしん)の震源や火山が集中。世界の多くの地域は**安定大陸**。
　　↳火山や地震が多い

(2) 日本の地形……約4分の3が山地。**日本アルプス**の東側にフォ
　　　　　　　↳飛驒山脈・木曽山脈・赤石山脈
　　ッサマグナ。傾斜(けいしゃ)が急で短い川→山麓(さんろく)に**扇状地(せんじょうち)**，河口に**三角州(さんかくす)**。
　　　　　　　　　　　　　　　　　↳果樹園などに利用

(3) 日本の気候……おもに**温帯**。**季節風(モンスーン)**の影響(えいきょう)。

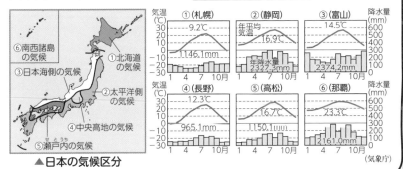

気温(℃)／降水量(mm)

①札幌 9.2℃ 1146.1mm
②静岡 年平均気温16.9℃ 年降水量2327.3mm
③富山 14.5℃ 2374.2mm
④長野 -12.3℃ 965.1mm
⑤高松 16.7℃ 1150.1mm
⑥那覇 23.3℃ 2161.0mm

（気象庁）

⑥南西諸島の気候
①北海道の気候
③日本海側の気候
②太平洋側の気候
④中央高地の気候
⑤瀬戸内(せとうち)の気候

▲日本の気候区分

3 世界と日本の人口問題

(1) 人口問題……世界の人口は約78億人（2020年）。アジアやアフ
　　リカの発展途上国(とじょうこく)は**人口爆発(ばくはつ)**，先進国は**少子高齢化(こうれい)**。

(2) 人口分布……各地の**地方中枢都市(ちゅうすう)**の成長と**政令指定都市**の増加。
　　　　　　　　　↳都道府県の役割の一部をになう人口50万人以上の都市

(3) 過密地域……**三大都市圏**。都心部の環境(かんきょう)悪化から**ドーナツ化現
　　　　　　↳東京・大阪・名古屋を中心とする
　　象**がおきたが，再び都心回帰へ。

(4) 過疎地域(かそ)……山間部や離島・農村。地域社会の維持(いじ)が困難。
　　　　　　　　↳公共交通機関の減便や学校の統廃合など

入試得点アップ

地域調査の手法

★ **等高線**…地表の等しい高さを結んだ線。主曲線，計曲線，補助曲線で構成。間隔(かんかく)が狭いほど傾斜が急，広いほど緩(ゆる)やか。

地形と気候

① **海流**…太平洋側は寒流の**親潮(千島海流)**・暖流の**黒潮(日本海流)**，日本海側に**対馬海流(つしま)**。

② **気象災害**…土石流・高潮・冷害・干害。

③ **ハザードマップ**…災害時の危険地域や避難場所(なん)を示した地図。

世界と日本の人口問題

★ 日本の人口ピラミッド

富士山型（1935年）

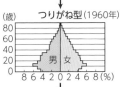

つりがね型（1960年）

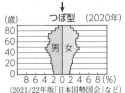

つぼ型（2020年）

（2021/22年版「日本国勢図会」など）

サクッと確認

① 飛驒(ひだ)山脈・木曽(きそ)山脈・赤石山脈を総称(そうしょう)して何といいますか。

② 日本列島の太平洋側の沖合を流れる寒流を何といいますか。

① **日本アルプス**

② **親潮(千島海流)**

やってみよう!入試問題

解答 p.5 解答 p.5 ⏱-10- 目標時間 10 分 ___ 分

1 右の地図を見て，次の問いに答えなさい。

(1) 地図中の糸魚川と静岡を結ぶ線は，おおよそ日本列島を東西に大きく分ける，溝状の地形の西端となっています。この地形を何といいますか。〔青森〕

[   ]

(2) 地図中のXの地域に見られる，小さな岬と湾がくり返す複雑に入り組んだ海岸を何といいますか。

[   ]〔福島〕

(3) 下の雨温図は，地図中の鳥取，高松，高知のいずれかのものです。鳥取・高松にあてはまるものを選び，記号で答えなさい。〔沖縄―改〕

鳥取 [   ] 高松 [   ]

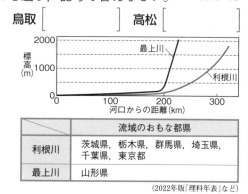

	流域のおもな都県
利根川	茨城県，栃木県，群馬県，埼玉県，千葉県，東京都
最上川	山形県

(2022年版「理科年表」など)

気温(℃) / 降水量(mm) アイウ

(4) 右上の資料は，茨城県の南部を流れる利根川と山形県を流れる最上川を比較するためにまとめたものです。資料から読み取れる利根川の特色を答えなさい。〔山形〕

[   ]

2 次のア～エは，それぞれ 1950 年，1980 年，2010 年と，将来推計である 2040 年の日本の人口ピラミッドのいずれかを示しています。2010 年にあてはまるものを 1 つ選び，記号で答えなさい。〔広島〕

[   ]

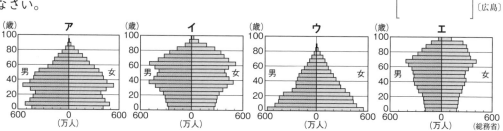

日本は出生率の低下などにより，少子高齢化が進行している。

地理
6 日本の地域的特色 ②

入試重要ポイント TOP3
原子力発電
冷却水の得やすい海岸部(若狭湾など)に立地。

促成栽培
温暖な気候と温室などを利用し,出荷時期を早める。

太平洋ベルト
北九州〜関東の臨海部に帯状に連なる工業地帯・地域。

1 日本の資源・エネルギー

(1) **資源**……原油や石炭, 鉄鉱石などの**鉱産資源**は輸入に頼る。
　↳西アジア　　↳オーストラリア

(2) **エネルギー**……地球温暖化対策として<u>再生可能エネルギー</u>の開
　発が進む→持続可能な社会を目ざす。
　↳化石燃料の使用が温室効果ガスを増やす　　↳太陽光発電・風力発電など

2 日本の産業

(1) **農業**……食料自給率は約40%。平野を中心に稲作, 山の斜面
　↳カロリーベース　　　　　　　　　　東北・北陸は日本の穀倉地帯↲
　や盆地で果樹栽培, 北海道や九州南部で大規模に畜産。野菜は
　大都市周辺で**近郊農業**, 出荷時期を早める**促成栽培**や出荷時期
　を遅らせる**抑制栽培**など, 地域の特性に合わせて生産。
　　↳おくらせる　　↳よくせい

(2) **漁業**……三陸沖の**潮目**(潮境)は好漁場。排他的経済水域の設定
　や資源保護などで漁獲量減少。**養殖業**や**栽培漁業**への転換。

(3) **工業**……<u>太平洋ベルト</u>に工
　業地帯・工業地域が集中。
　<u>中京工業地帯</u>が最大。加工
　↳自動車生産日本一
　貿易→**貿易摩擦**がおき, 海
　外での現地生産が増加。

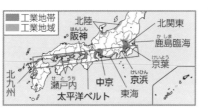
▲工業地帯・地域の分布

3 日本の貿易, 交通・通信

(1) **貿易**……アジアが中心。成田国際空港が貿易額日本一(2019年)。

(2) **交通**……国内輸送の中心は自動車。新幹線・高速道路・航空路
　↳ICなど小型・軽量・高価な品目
　などの高速交通網の整備。**ハブ空港**をめぐる競争の激化。
　　　　　　　　　　　　　　↳国際線の乗り換え拠点

(3) **通信**……情報通信技術(ICT)の発達。**情報格差**の問題。

入試得点アップ

日本の資源・エネルギー

★ **発電所の分布**

・ 水力発電所
・ 火力発電所
□ 原子力発電所
△ 地熱発電所
(2017年)
(2017年版)
「電気事業便覧」など

日本の産業

① **産業分類**…第一次産業は農業・林業・漁業, 第二次産業は鉱工業・建設業, 第三次産業は商業・サービス業など。

② **育てる漁業**…養殖業は成魚までいけすで育て, 栽培漁業は稚魚になるまで育てて放流する。

③ **産業の空洞化**…外国へ工場を移転することで, 国内産業が衰退する現象。

日本の貿易, 交通・通信

★ **加工貿易**…原料を輸入し, 加工して輸出。

サクッと確認

① 日本の発電の中心となっている発電方法は何ですか。

② 大都市周辺で行う, 鮮度や輸送費で有利な農業を何といいますか。

③ 東京都と神奈川県, 埼玉県で構成される工業地帯を何といいますか。

④ 貿易をめぐる各国間の対立を何といいますか。

① 火力発電

② 近郊農業

③ 京浜工業地帯

④ 貿易摩擦

やってみよう!入試問題

解答 p.5

⏱ -10- 目標時間 10 分

◯ 分

1 日本の産業について，次の問いに答えなさい。

(1) 右の農産物生産額割合のグラフを見て，次の問いに答えなさい。〔秋田一改〕

① グラフ中の**ア〜エ**は，北海道，東北，関東，中国・四国のいずれかです。北海道と東北，関東にあてはまるものを1つずつ選び，記号で答えなさい。

□**ア** □九州 ■**イ** ■**ウ** ■中部 ■**エ** □近畿

畜産
米
野菜

0 20 40 60 80 100 (%)

(2019年)　　(2022年版「データでみる県勢」)

北海道 [　　　]　　東北 [　　　]

関東 [　　　]

② 九州では畜産(ちくさん)のほかに野菜の割合も高くなっています。冬の温暖な気候を利用した野菜の栽培(さいばい)方法を何といいますか。[　　　　　]

(2) 次の文の(　　　)に適する語句を漢字で答えなさい。[　　　] 〔福井〕

> 日本の漁業は，とる漁業から育てる漁業へと移りつつある。たまごからふ化させて稚魚(ちぎょ)，稚貝まで育て，自然の海や川に放す(　　　)漁業の取り組みが各地で行われている。

(3) 次の文が説明している工業地帯の名を答えなさい。また，右の製造品出荷(しゅっか)額割合を表したグラフから，その工業地帯にあてはまるものを1つ選び，記号で答えなさい。

	金属	機械	化学	食料品	繊維0.6 / その他
ア	金属16.5%	機械46.3	6.1	食料品16.9	その他13.6
イ	9.6%	69.1	4.6	6.4	0.7 / 9.6
ウ	20.9%	37.7	16.8	10.9	1.3 / 12.4
エ	8.9%	49.3	18.0	10.9	0.4 / 12.5

0 20 40 60 80 100(%)

(2018年)　　(2021/22年版「日本国勢図会」)

> 製造品出荷額が日本最大であり，濃(のう)尾(び)平野を中心に広がっている。

工業地帯名 [　　　　　]　　記号 [　　　] 〔和歌山〕

2 交通・貿易について，次の問いに答えなさい。

(1) 放射状にのびる国際線や国内線の航空路線をもち，乗客の乗り継(つ)ぎや貨物の積み替(か)えを効率的に行える空港を何といいますか。[　　　　　] 〔愛媛〕

(2) 右の表からわかる，航空機で輸送するものの特色を，解答欄(らん)に合うように簡単に答えなさい。〔埼玉 '20―改〕

横浜港と成田国際空港の輸出入品目

	輸出	輸入
横浜港	自動車	石油
成田国際空港	半導体等製造装置	通信機

(2020 年)　　(2021/22 年版「日本国勢図会」)

> 航空輸送では，半導体等製造装置や通信機のような　　品目を輸送することがわかる。

 船に比べると，航空機は輸送費が高く，積載(せきさい)量も少ない。

7

地理

日本の諸地域 ①

入試重要ポイント TOP3

阿蘇山	石油化学コンビナート	琵琶湖
熊本県に位置する世界有数のカルデラをもつ活火山。	精油所を中心とした工場群。臨海部に立地。	日本最大の湖。淀川の水源で，工業用水・生活用水。

1 九州地方

(1) 九州北部……筑紫平野で稲作。（米と麦類の二毛作）
　八幡製鉄所→北九州工業地域。
　　↳エコタウンの形成

(2) 九州南部……シラスが堆積する台地で畑作・畜産，宮崎平野で促成栽培。水俣市で水俣病が発生。
　　↳現在は環境モデル都市

(3) 沖縄県……琉球王国。戦後アメリカが占領→米軍基地は残る。
　　↳15世紀前半に尚氏が建国　　　　在日米軍基地の約70%が集中↲

北九州(鉄鋼，エコタウン)
福岡(地方中枢都市)
筑紫平野
北九州工業地域
筑紫山地
九州山地
阿蘇山(カルデラ)
宮崎県(畜産)
鹿児島県(畜産，茶)
シラス台地
御岳(桜島)
宮崎平野(野菜の促成栽培)
笠原(かんがい)
沖縄県(アメリカ軍基地，さとうきび・パイナップル)

▲九州地方の地形と産業

2 中国・四国地方

(1) 瀬戸内地方……讃岐平野にはため池。瀬戸内工業地域
　　↳農業用水の確保
　は石油化学コンビナートや鉄鋼業などの重化学工業。
　　↳原爆投下により世界初の被爆都市に
　広島市は平和記念都市・地方中枢都市・政令指定都市。

(2) 山陰地方，南四国地方……高知平野の促成栽培。過疎化が進む。
　　↳高齢者が過半数の限界集落の出現

児島・坂出ルート
明石海峡大橋
岡山　　神戸
しまなみ海道　倉敷
尾道　　　　瀬戸大橋
　　　今治　　児島　淡路島
　　　　　　坂出　鳴門
尾道・今治ルート
神戸・鳴門ルート

▲本州四国連絡橋

3 近畿地方

(1) 都市……京都市・大阪市・神戸市に人口が集中する京阪神大都市圏。ニュータウンの建設。古都の京都・奈良は観光都市。
　　↳兵庫県

(2) 産業……戦前から阪神工業地帯が発展。商業都市。古都で伝統的工芸品の生産。紀伊山地では林業。
　　↳中小工場が多い　　↳西陣織や清水焼　　↳紀伊　　↳吉野すぎや尾鷲ひのき

入試得点アップ

九州地方

① 八幡製鉄所…明治時代に操業。日本初の近代的な製鉄所。

② 四大公害病…高度経済成長期に問題化した，水俣病・新潟水俣病・イタイイタイ病・四日市ぜんそく。

③ エコタウン事業…リサイクル工場を集めて循環型社会を目ざす取り組み。

中国・四国地方

★ 地域区分…中国山地と四国山地を境に，山陰地方，瀬戸内地方，南四国地方に分けられる。

近畿地方

① ターミナル駅…鉄道の起終点駅。駅を中心に都市を整備。

② ニュータウン…高度経済成長期，都市の過密を解消するために郊外につくられた住宅地。現在，住民の高齢化が問題。

サクッと確認

① 九州南部に分布する火山灰土を何といいますか。 → ① シラス

② 沖縄県で，かつて栄えた独立国を何といいますか。 → ② 琉球王国

③ 降水量が少ないために，農業用水を確保する目的でため池が点在している香川県の平野を何といいますか。 → ③ 讃岐平野

④ 日本最大の湖を何といいますか。 → ④ 琵琶湖

やってみよう！入試問題

解答 p.6　目標時間 10分　　　　分

1 右の地図を見て，次の問いに答えなさい。

北九州工業地域　B　a　A県　b　c　d

(1) 地図中のA県の一部の地域では稲作を行ううえでどのような
くふうがされているか，「降水量」「ため池」「農業用水」の
3語を用いて簡単に答えなさい。　〔愛媛〕

[　　　　　　　　　　　　　　　　　　　　　　　　　　　　　]

(2) 右の表は，北九州工業地域と
瀬戸内工業地域，阪神工業地
帯の工業製品出荷額の工業別
割合と総額を表しています。
表中のⅠ・Ⅱは瀬戸内工業地
域・阪神工業地帯，X・Yは金属・化学の
いずれかにあたります。阪神工業地帯と化
学にあたるものを記号で答えなさい。　〔愛媛〕

工業地帯・地域 \ 項目	2018年						2018年 総額（兆円）	1960年 総額（兆円）
	工業製品出荷額の工業別の割合（%）							
	機械	X	食料品	Y	せんい	その他		
北九州工業地域	46.3	16.5	16.9	6.1	0.6	13.6	10.3	0.6
Ⅰ	37.7	20.9	10.9	16.8	1.3	12.4	34.5	3.2
Ⅱ	34.7	18.8	7.6	23.1	2.0	13.8	32.3	1.2

（2021/22年版「日本国勢図会」など）

阪神工業地帯 [　　　]

化学 [　　　]

(3) 右のグラフ1は地図中のa〜dのいずれか
の県の2019年における農業生産額と品目
別の割合を表しています。aとcの県にあ
たるグラフを記号で答えなさい。

a [　　　　　]　c [　　　　　]　〔愛媛一改〕

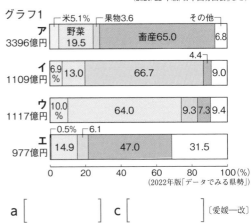

グラフ1

ア 3396億円　野菜19.5　米5.1%　果物3.6　畜産65.0　その他6.8

イ 1109億円　6.9% 13.0　66.7　4.4　9.0

ウ 1117億円　10.0% 64.0　9.3 7.3 9.4

エ 977億円　0.5% 14.9　6.1　47.0　31.5

0 20 40 60 80 100(%)
（2022年版「データでみる県勢」）

(4) 右下のグラフ2は地図中のBに，1960年代に建設された千里ニュータウンの世帯数と1
世帯あたりの人数の推移を表しています。千里ニュータウンの人口の推移を表したグラ
フとしてもっとも適切なものをア〜ウから1つ選びなさい。　[　　　　]　〔福島〕

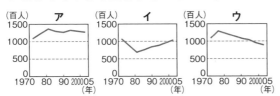

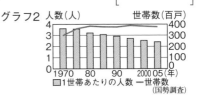

グラフ2

グラフの内容だけではなく，農業生産額にも注目する。

入試重要ポイント TOP3

地場産業
古くから地域に伝わり、発達してきた産業。

やませ
夏に東日本の太平洋側に吹く北東風。冷害をもたらす。

酪農
牛乳や乳製品を生産するために乳牛を飼育する農業。

地理

日本の諸地域 ②

1 中部地方

(1) 東海地方……渥美半島の施設園芸農業、牧ノ原の茶。中京工業地帯と東海工業地域は自動車工業がさかん。
↑浜松のオートバイ、富士の製紙

(2) 中央高地……日本アルプス。ぶどうやももなどの果樹栽培と高原野菜の抑制栽培。製糸業から精密機械工業へ。
↑飛驒山脈・木曽山脈・赤石山脈
↑山梨県の甲府盆地
↑現在は電気機械工業がさかん

(3) 北陸地方……豪雪地帯→水田単作(早場米)。地場産業が発達。
↑ごうせつ
↑福井県鯖江の眼鏡フレームなど

2 関東地方

(1) 首都・東京……政治・経済・文化の中心(→印刷業の発達)。人口の極端な集中。夜間人口に比べ、昼間人口が極端に多い。
↑日本の全人口の約1割が東京都、約3分の1が関東地方

(2) 産業……関東ローム(火山灰土)。近郊農業がさかん。京浜工業地帯から京葉工業地域や北関東工業地域に拡大。
↑化学工業の割合が高い ↑高速道路沿いに工業団地

3 東北,北海道地方

(1) 東北地方……日本の穀倉地帯。果樹栽培。三陸海岸は潮目により好漁場。伝統産業や民俗行事に特色。
↑東北地方で日本の米の約4分の1を生産
↑青森のりんごなど
↑潮境
↑みんぞく

(2) 北海道地方……冷帯。先住民族はアイヌ民族。石狩平野で稲作、十勝平野で畑作、根釧台地で酪農がさかん。
↑亜寒帯
↑いしかり
↑とかち
↑こんせん ↑らくのう

▲東北,北海道地方の地形と産業

入試得点アップ

中部地方

★ 高原野菜…長野県と山梨県にまたがる八ケ岳の野辺山原でレタスの抑制栽培がさかん。

関東地方

★ ヒートアイランド現象…都市部で工業活動や自動車などの排出熱が蓄積されて、郊外より気温が高くなる現象。

東北,北海道地方

① 東北四大祭り…青森ねぶた祭(青森)・秋田竿燈まつり(秋田)・仙台七夕まつり(宮城)・山形花笠まつり(山形)

② 伝統的工芸品…津軽塗(青森)・南部鉄器(岩手)・大館曲げわっぱ(秋田)・天童将棋駒(山形)・宮城伝統こけし(宮城)・会津塗(福島)など。

③ エコツーリズム…環境を損なわず、体験したり学習したりする観光のあり方。

サクッと確認

① 甲府盆地で栽培がさかんな果物を2種答えなさい。

② 静岡県の太平洋岸に広がる工業地域を何といいますか。

③ 関東地方に広く分布する火山灰土を何といいますか。

④ 東北地方の太平洋側に冷害をもたらす北東風を何といいますか。

⑤ 大規模な畑作が行われている北海道の平野を何といいますか。

① ぶどう・もも

② 東海工業地域

③ 関東ローム

④ やませ

⑤ 十勝平野

やってみよう!入試問題

解答 p.6

目標時間 10 分

分

1 右の地図を見て，次の問いに答えなさい。 〔沖縄一改〕

(1) 地図中のA島は，日本固有の領土であるにもかかわらず 1945 年にソ連が占領し，現在もロシア連邦によって占拠されている島々の1つです。この島の名を次から1つ選び，記号で答えなさい。 ［　　　　　］

ア 与那国島　　イ 沖ノ鳥島
ウ 択捉島　　　エ 南鳥島

(2) 地図中のB・C・D県で生産がさかんな農作物を次から1つずつ選び，記号で答えなさい。

B県 ［　　　　　］ C県 ［　　　　　］

D県 ［　　　　　］

ア キャベツ　　イ もも
ウ ピーマン　　エ りんご

(3) 右のグラフは，地図中のB・D・E県の産業別人口の割合を示したものです。D県にあたるものを1つ選び，記号で答えなさい。

ア	第二次産業31.9	第三次産業63.7

第一次産業4.4%

イ	12.0%	20.8	67.2

-0.8%

ウ	21.1	78.1

0　　20　　40　　60　　80　　100(%)
(2017年)　　　　　　　(2022年版「データでみる県勢」)

［　　　　　］

(4) 右の図は，2003 年度の東北地方の米の作況指数を示したものです。この年，太平洋側で米の作況指数が大幅に低下したのは，どのような自然災害がおこったからですか。「やませが吹いて」という語句の後に続くように答えなさい。

［ やませが吹いて，　　　　　　　　　　　　　　 ］

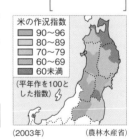

米の作況指数
90〜96
80〜89
70〜79
60〜69
60未満
(平年作を100とした指数)
(2003年)　　(農林水産省)

2 次の各文にあてはまる県を右の地図中から1つずつ選び，記号と県名を答えなさい。〔兵庫一改〕

(1) 製紙工業のほか，オートバイなどの輸送機械やピアノなどの楽器の生産がさかんである。 記号 ［　　　　］ 県名 ［　　　　　］

(2) 眼鏡のフレームづくりが，国内生産量の9割を占める地場産業に発展している。 記号 ［　　　　］ 県名 ［　　　　　］

(3) 扇状地の水はけのよさを生かして，ぶどうなどの果樹の栽培がさかんで，東京都と隣接し，観光農園が多く見られる。

記号 ［　　　　］ 県名 ［　　　　　］

 やませは，夏に北東から吹きつける冷たく湿った風で，雲や霧を発生させる。

[　　月　　日]

サクッ！と入試対策 ❸

解答 p.7

目標時間 10 分

☐ 分

1 右の略地図を見て，次の問いに答えなさい。　〔三重一改〕

略地図

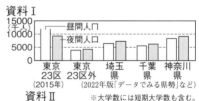

(1) 略地図に ☐☐☐ で示したあたりにのびる，帯状の臨海型
工業地域の名を答えなさい。　[　　　　　　　　]

(2) 略地図に示した熊本県にあるカルデラをもつ火山の名を
答えなさい。　[　　　　　　　　]

(3) 北海道の東部では酪農（らくのう）がさかんです。酪農について述べ
た文を次から１つ選びなさい。　[　　　　　　　]

　ア 森林や草原を焼き払（はら）い，その灰を肥料とする農業。

　イ 温暖な気候を利用して，ビニールハウスなどで野菜を栽培（さいばい）する農業。

　ウ 乳牛などを飼育し，牛乳やバター，チーズなどの乳製品を生産する農業。

　エ 夏に乾燥（かんそう）し，冬に雨が多い地域で，オリーブや小麦などを栽培する農業。

(4) 秋田県について述べた文を次から１つ選び，記号で答えなさい。　[　　　　　]

　ア りんごの生産量が全国１位で，多くの観光客が集まるねぶた祭が行われる。

　イ 中尊寺金色堂（ちゅうそんじこんじきどう）が国宝に，南部鉄器が伝統的工芸品に指定されている。

　ウ さくらんぼの生産量が全国１位で，天童将棋駒（てんどうしょうぎこま）が伝統的工芸品に指定されている。

　エ 多くの観光客が訪れる角館（かくのだて）の武家屋敷（やしき）があり，竿燈（かんとう）まつりが行われる。

(5) 資料Ⅰは東京都とその周りの県の昼間人口と夜間人
口，資料Ⅱは事業所数と大学数を示したものです。
東京23区の昼間人口が夜間人口より多い理由の１
つとして考えられることを，資料から読み取り，
「通勤」「通学」という語句を用いて，答えなさい。

[　　　　　　　　　　　　　　　　]

資料Ⅰ

	事業所数	大学数
東京23区	755526	128
東京23区外	158386	52
埼玉県	284566	40
千葉県	230763	35
神奈川県	369446	45

資料Ⅱ　※大学数には短期大学数も含む。

（事業所数は2019年，大学数は2020年）
（2022年版「データでみる県勢」など）

(6) 次の雨温図は地図中の４都道県の庁所在地のものです。
秋田県と熊本県にあてはまるものを選び，それぞれ記
号で答えなさい。

秋田県 [　　　　　　]

熊本県 [　　　　　　]

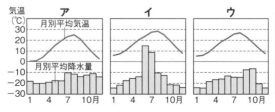

降水量のパターンが似ている場合は，都道府県の緯度（いど）と平均気温に注目する。

サクッ!と入試対策 ❹

解答 p.7　　目標時間 10 分　□分

1 次の問いに答えなさい。　〔愛媛─改〕

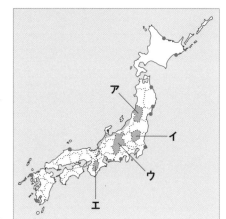

(1) 右の略地図を見て，次の問いに答えなさい。

① 地図中**ア〜エ**のうち，フォッサマグナの西端（せいたん）となっている構造線が通っている県を 1 つ選び，その記号と県名を答えなさい。

記号 [　　　　]　県名 [　　　　　　　]

② 地図中の●は 2019 年における日本の□□□を上位 10 位まで取り上げ，その分布を表したものです。□□□にあてはまることばとして適切なものを次から 1 つ選びなさい。[　　　　]

ア 水揚（みずあ）げ量が多い漁港　**イ** 最大出力が大きい火力発電所

ウ 人口が多い都市　　　　　**エ** 乗降客数が多い空港

③ □□□ で示した工業地域について述べた文を次から 1 つ選びなさい。[　　　　]

ア 工業製品出荷（しゅっか）額のうち，機械が 6 割以上を占（し）めている。

イ 日本初の本格的な製鉄所がつくられ，日本の産業の発展を支えた。

ウ 戦前は工業生産額日本一を誇（ほこ）った。中小工場が多い。

エ 機械，金属，化学工業のほか，伝統産業がさかんである。

(2) 右の資料は，日本の 1935 年と 2020 年における人口ピラミッドです。2 つの年を比べて，人口ピラミッドはどのように変化したか，「富士山型」「つぼ型」「子ども」「高齢（こうれい）者」の 4 語を用いて簡単に答えなさい。

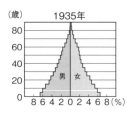　

(2021/22 年版「日本国勢図会」など)

[　　　　　　　　　　　　　　　　　　　　]

(3) グラフⅠは耕地面積と農業就業（しゅうぎょう）者数，グラフⅡは米の収穫（しゅうかく）量の割合を表しており，グラフ中のa〜c，x〜zは北海道，東北，中国・四国地方のいずれかです。北海道にあてはまる組み合わせを次から 1 つ選びなさい。[　　　　]

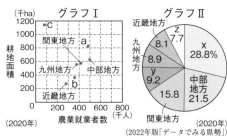

(2020年)　(2022年版「データでみる県勢」)

ア aとx　　**イ** bとy

ウ cとx　　**エ** cとz

間違えやすい　明治時代に北海道は大規模な開拓（かいたく）が行われた。

9 歴史 **文明のおこりと日本のあけぼの**

入試重要ポイント TOP3

甲骨文字	邪馬台国	古墳
中国でつくられ，漢字のもとになった文字。	3世紀に日本にあった国。女王卑弥呼が治めた。	3世紀後半～6世紀ごろにつくられた権力者の墓。

1 古代文明

(1) 古代文明……**エジプト文明**・
↳太陽暦・象形文字
メソポタミア文明・インダス
↳モヘンジョーダロ
文明・**中国文明**が河川の流域
↳太陰暦・くさび形文字 ↳青銅器・甲骨文字
に発達。地中海沿岸でギリシャ・ローマの文明。
↳ポリス・民主政 ↳ローマ帝国

(2) **中国の統一**……**秦**の始皇帝が中国を統一→**漢**は中央アジアにも
↳紀元前3世紀 ↳紀元前3世紀末～紀元後3世紀
進出。シルクロード(絹の道)が整備され，西方と交易。

メソポタミア文明
中国文明
黄河
長江
インダス文明
赤道
エジプト文明
▲**古代文明**

2 東アジアの中の日本

(1) **旧石器時代**……打製石器での狩猟や採集。岩宿遺跡(群馬県)。
↳しゅりょう ↳いわじゅくいせき

(2) **縄文時代**……磨製石器や**縄文土器**を使い，たて穴住居に住む。
↳じょうもん ↳ませい
↳約1万年前～紀元前4世紀ごろ
狩猟・採集。身分の差がない社会。三内丸山遺跡(青森県)。
↳さんないまるやま

(3) **弥生時代**……稲作・金属器が伝わる。弥生土器。石包丁で稲を
↳やよい ↳いなさく ↳青銅器や鉄器
↳紀元前4世紀～紀元後3世紀ごろ
刈り，高床倉庫に貯蔵。身分の差が発生→小国の成立。女王**卑**
弥呼が治める**邪馬台国**。登呂遺跡(静岡県)・
↳みこ ↳やまたいこく ↳とろ
吉野ヶ里遺跡(佐賀県)。
↳よしのがり ↳物見やぐらと塚，戦闘の跡

(4) **古墳時代**……巨大な前方後円墳は奈良盆地が
↳こふん
中心→**大和政権**の誕生。5世紀には大和政権
↳やまと
の王は「**大王**」と呼ばれるようになり，九州
↳おおきみ
から関東地方の豪族を従える。朝鮮半島では
↳ごうぞく ↳ちょうせん
百済と結び，高句麗(コグリョ)・新羅(シルラ)と対立。**大仙古墳**
↳くだら ↳ペクチェ ↳仁徳陵古墳，日本最大の古墳 ↳だいせん
(大阪府)・稲荷山古墳(埼玉県)。
↳いなりやま
↳「ワカタケル大王」の文字がある鉄剣

獲加多支鹵大王
ワカタケル
▲**稲荷山古墳出土の鉄剣**

入試得点アップ

古代文明

★ **三大宗教**…シャカ(釈迦)による仏教，イエスによるキリスト教，ムハンマドによるイスラム教。

東アジアの中の日本

① **貝塚**…縄文時代，貝殻や魚の骨などを捨てた場所。縄文土器や土偶が出土し，当時の生活がわかる。

② **中国の歴史書**…『後漢書』東夷伝は1世紀に奴国の王に金印を与えたこと，『魏志』倭人伝は3世紀の邪馬台国の様子を伝える。

③ **ワカタケル**…『宋書』倭国伝に記される倭王武(雄略天皇)と考えられる。

④ **渡来人**…戦乱を避けて朝鮮半島から日本列島に移り住んだ人々。はたおりなどの技術や漢字・儒教・仏教を伝える。

サクッと確認

① 中国から中央アジアを通り西方に至る交通路を何といいますか。

② 縄文時代の，貝殻や魚の骨などを捨てた場所を何といいますか。

③ 弥生時代に稲刈りに使った道具を何といいますか。

④ 邪馬台国の女王の名を何といいますか。

⑤ 大和政権の王は何と呼ばれますか。

⑥ 日本最大の古墳の名を何といいますか。

① シルクロード

② 貝　塚

③ 石包丁

④ 卑弥呼

⑤ 大　王

⑥ 大仙古墳

やってみよう!入試問題

解答p.8

1

右の表を見て，次の問いに答えなさい。

時代	日本のできごと	世界のできごと
縄文	狩りと漁，採集の生活	a古代文明がおこる シャカが（　X　）をおこす
b弥生	稲作や金属器の伝来 c卑弥呼が中国に使いを送る	イエスの（　Y　）が広まる
古墳	d古墳が各地につくられる	

(1) 下線部aについて，メソポタミア文明で使用された文字を写真A～Dから，文明の位置を図中のs～vから1つずつ選び，記号で答えなさい。

写真 [　　　　　]　　〔沖縄―改〕

位置 [　　　　　]

A　　　　　　B　　　　　　C　　　　　　D

(2) 表中の（　X　）（　Y　）には世界のおもな宗教が入ります。その宗教について述べた文として正しいものを次から1つ選びなさい。　　　　[　　　　　]　〔沖縄―改〕

ア　Xの宗教は図中sとtの間の地域でおこり，世界でもっとも信者数の多い宗教である。

イ　Yの宗教は図中sとtの間の地域でおこり，ただ1つの神を信じる。

ウ　Xの宗教は図中vの地域でおこり，多くの神を信じる。

エ　Yの宗教は図中uの地域でおこり，信者は牛肉を食べてはいけない。

(3) 下線部bについて，この時代の遺跡としてもっとも適切なものを次から1つ選び，記号で答えなさい。
[　　　　　]〔岐阜―改〕

ア　三内丸山遺跡　　イ　石見銀山遺跡　　ウ　岩宿遺跡　　エ　吉野ヶ里遺跡

(4) 下線部cについて，次の問いに答えなさい。
〔和歌山―改〕

 ① 卑弥呼の治めた国の名称を答えなさい。　　　　[　　　　　]

② このころの中国のできごとについて述べた文としてもっとも適切なものを次から1つ選び，記号で答えなさい。　[　　　　　]

ア　隋が南北に分かれていた中国を統一した。

イ　秦の王が中国を統一して始皇帝と名乗った。

ウ　魏・呉・蜀の三国が争っていた。

エ　漢の武帝のころに朝鮮に楽浪郡を設けた。

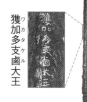

獲加多支鹵大王（ワカタケル）

(5) 下線部dについて，右の図は埼玉県の古墳から出土した鉄剣です。この鉄剣に刻まれた文字からわかることを簡単に答えなさい。

[

 卑弥呼の治めた国については，中国の歴史書の中にくわしい記述がある。

入試重要ポイント TOP3

大化の改新	遣唐使	藤原氏
中大兄皇子・中臣鎌足らが律令国家を目ざした改革。	630～894年。唐の進んだ政治制度や文化をもち帰る。	中臣鎌足が始祖。平安時代，摂関政治で権力を握る。

10 歴史 古代国家のあゆみ

1 飛鳥時代

▲法隆寺

(1) 聖徳太子……推古天皇の摂政。冠位十二階・十七条の憲法で天皇中心の政治を目ざす。遣隋使を派遣。法隆寺を建てる。
↳厩戸皇子，厩戸王ともいう　↳小野妹子を派遣

(2) 律令国家体制……645年，中大兄皇子・中臣鎌足らが蘇我氏を倒し，公地公民の方針を示す（大化の改新）→672年，壬申の乱→701年，文武天皇が大宝律令を制定。
↳後の天智天皇

2 奈良時代

(1) 聖武天皇……国分寺・国分尼寺建立，東大寺の大仏造立の詔。
↳行基が協力

(2) 農民の生活……班田収授法，重い負担（租・調・庸，労役など）。743年，墾田永年私財法→公地公民は崩れ，荘園が発生。
↳戸籍に基づき，6歳以上の男女に口分田

(3) 天平文化……東大寺正倉院，『古事記』，『日本書紀』，『万葉集』。

3 平安時代

(1) 桓武天皇……794年，平安京へ遷都。坂上田村麻呂の東北派遣。
↳征夷大将軍

(2) 平安新仏教……唐から帰国した最澄が天台宗，空海が真言宗。
↳比叡山延暦寺　↳高野山金剛峯寺

(3) 摂関政治……藤原氏は，娘を天皇のきさきとし，孫を天皇に立て，自らは摂政や関白として政治の実権を握る。
藤原道長・頼通父子が最盛期　↳女性や幼少の天皇の代理　↳天皇の補佐

(4) 国風文化……日本の風土に合った文化。寝殿造。仮名文字による『源氏物語』や『枕草子』。浄土信仰の流行→平等院鳳凰堂。
↳紫式部の小説　↳清少納言の随筆　↳藤原頼通が建立

入試得点アップ

飛鳥時代
① 白村江の戦い……百済再興のため出兵し，唐・新羅軍に敗北。
② 壬申の乱…天智天皇の死後の皇位継承争い。勝利して即位した天武天皇は改革を進める。

奈良時代
① 平城京…710年，奈良盆地につくられた唐の長安を手本にした都。
② 和同開珎…708年に発行された貨幣。
③ 鑑真…苦難の末に来日した唐の高僧。唐招提寺で正しい仏教を広める。

平安時代
① 菅原道真…遣唐使の停止を建議。藤原氏によって失脚。
② 寝殿造

サクッと確認

① 大化の改新を中心になって行った2人の人物はだれですか。 ── ① 中大兄皇子・中臣鎌足
② 律令制度で3年間北九州の防備につく兵役を何といいますか。 ── ② 防人
③ 東大寺の大仏造立に協力した僧はだれですか。 ── ③ 行基
④ 唐から帰国した最澄が開いた仏教の宗派を何といいますか。 ── ④ 天台宗
⑤ 平安時代の貴族の屋敷の建築様式を何といいますか。 ── ⑤ 寝殿造

やってみよう！入試問題

1 次の表を見て，あとの問いに答えなさい。

人物	おもな業績
（　a　）	推古天皇の摂政として，A十七条の憲法を定めて，役人の心構えを示した。
（　b　）	壬申の乱に勝利したあと即位し，B律令国家へのあゆみを進めた。
（　c　）	743年に大仏造立の命令とC開墾による土地の私有を認める法を出した。
（　d　）	D藤原道長の娘に仕え，E仮名文字で『源氏物語』を著した。

(1) 表中の（　a　）〜（　d　）の人物名を答えなさい。〔山形一改〕

a [　　　　　]　b [　　　　　]　c [　　　　　]　d [　　　　　]

(2) 下線部Aの一部を示した次の資料の空欄にあてはまる語句の組み合わせとして正しいものをあとのア〜エから１つ選び，記号で答えなさい。[　　　]〔北海道〕

> 一に曰く，　X　をもって貴しとなし，逆らうことなきを宗とせよ。
> 二に曰く，あつく三宝を敬え。三宝とは　Y　・法・僧なり。
> 三に曰く，　Z　をうけたまわりては必ずつつしめ。

ア X—和　Y—詔　Z—仏　**イ** X—和　Y—仏　Z—詔
ウ X—詔　Y—仏　Z—和　**エ** X—詔　Y—和　Z—仏

(3) 右の資料は，下線部Bにおいて伊豆国から都まで税として運ばれた荷物の荷札です。　P　には成人男性が負担した税の名が記されています。この税の名称を答えなさい。[　　　]〔山形〕

資料

伊豆国

P

鹿堅魚

伊
豆
国

鹿
堅
魚

※1 伊豆国は現在の静岡県東部と伊豆諸島の旧国名である。
※2 鹿堅魚はかつおの加工品である。

(4) 下線部Cについて，次の問いに答えなさい。〔香川一改〕

① この法令の名を答えなさい。[　　　]

② この法令を出した理由を「人口の増加」という語句を用いて，簡単に答えなさい。
[　　　　　　　　　　　　　　　　　]

(5) 下線部Dについて，このころ藤原氏が天皇を補佐して行った政治を何といいますか。
[　　　　　]〔徳島〕

(6) 下線部Eが著されたころの仏教について述べた文としてもっとも適切なものを次から１つ選び，記号で答えなさい。[　　　]〔岡山一改〕

ア 中国から最澄が天台宗を，空海が真言宗をもたらした。
イ 阿弥陀仏にすがる信仰が流行し，平等院鳳凰堂が建てられた。
ウ 一向宗の教えで結びついた人々が各地で一揆をおこした。
エ 法隆寺が建てられるなど，仏教文化が栄えた。

ココ注意！ 女性の税負担は，口分田に課せられる収穫量の 3%の稲を納める「租」だけだった。

歴史

11 武家政治の成立と展開

入試重要ポイント TOP3

御恩と奉公	御成敗式目	日明(勘合)貿易
将軍と御家人の間に結ばれた主従関係。	1232年, 北条泰時によって制定された武家法。	足利義満が始めた朝貢貿易。勘合の使用で倭寇と区別。

1 武士の台頭

(1) **平氏の政権**……平治の乱後, **平 清盛** が太政大臣に→反感が高まり, 1185 年に **壇ノ浦の戦い** で平氏は滅亡。

後三年合戦 1083～87年
前九年合戦 1051～62年
保元の乱 1156年
平治の乱 1159年
平将門の乱 935～40年
藤原純友の乱 939～41年

▲武士の反乱

2 鎌倉時代

(1) **鎌倉幕府と執権政治**…… **源 頼朝** が全国に **守護・地頭** を置き, 鎌倉に幕府。源氏滅亡後, 北条氏が **執権政治**。承久の乱後, **六波羅探題** 設置, **御成敗式目** 制定。
↳頼朝の妻, 北条政子の一族
↳朝廷や西国の御家人の監視のために京都に設置

(2) **元寇**……フビライ=ハンの朝貢要求
↳元の皇帝
を北条時宗が拒否→2度の襲来を退ける。恩賞は不十分。1297 年, 徳政令。
↳文永の役・弘安の役
↳永仁の徳政令, 御家人の借金の帳消し命令

▲「蒙古襲来絵詞」

3 室町時代

(1) **建武の新政**(1334～36 年)…… **後醍醐天皇** の公家重視の新政→**足利尊氏** が挙兵し, 後醍醐天皇は吉野へ(南北朝)。
↳奈良県

(2) **室町幕府**……3 代 **足利義満** が南北朝を統一。**日明貿易** で銅銭など輸入→経済発展(定期市, 輸送業の馬借や問, 高利貸の土倉や酒屋, 同業者組合の座)。

▲勘合

(3) **戦国時代**……1467 年, 応仁の乱→下剋上の風潮, 戦国大名の登場。

(4) **室町文化**……北山文化(足利義満が建てた金閣・能), 東山文化
↳観阿弥・世阿弥父子が大成
(足利義政が建てた銀閣・書院造・水墨画)。
↳雪舟が大成

入試得点アップ

武士の台頭

★ **院政**…1086 年, 白河上皇が実権を握り, 院で行った政治。

鎌倉時代

① **承久の乱**…1221 年, 後鳥羽上皇が政治の実権を取り戻すためにおこした戦乱。

② **鎌倉仏教**

浄土宗	法然	
浄土真宗	親鸞	念仏
時宗	一遍	
日蓮宗	日蓮	題目
臨済宗	栄西	座禅
曹洞宗	道元	

室町時代

① **応仁の乱**…8 代足利義政の後継問題などから, 守護大名の勢力を二分して京都で約11年間続いた戦乱。

② **民衆の抵抗**…土一揆(年貢軽減・徳政要求), 国一揆(自治要求), 一向一揆(浄土真宗門徒の一揆)

サクッと確認

① 武士として初めて太政大臣に任じられたのはだれですか。 ——— ① 平清盛

② 北条泰時が武家のならわしをまとめた初の武家法を何といいますか。 ——— ② 御成敗式目

③ 御家人救済のために出された, 借金帳消しの命令を何といいますか。 ——— ③ 徳政令

④ 後醍醐天皇が始めた, 天皇中心の新しい政治を何といいますか。 ——— ④ 建武の新政

⑤ 1467 年から約 11 年間京都で行われた戦乱を何といいますか。 ——— ⑤ 応仁の乱

やってみよう!入試問題

解答 p.9　

1 右の年表を見て，次の問いに答えなさい。

年代	おもなできごと
	↕ A
1192 年	源 頼朝が征夷大将軍に任じられる
1221 年	B 承久の乱がおこる
1274 年	C 元軍が襲来する
1404 年	D 日明貿易が始まる
1467 年	E 応仁の乱がおこる

(1) 年表中のAの期間におきた次のできごとを，時代の古い順に並べ，記号で答えなさい。

[　　　→　　　→　　　]〔静岡一改〕

ア 平 清盛が，武士として初めて朝廷から太政大臣に任命された。

イ 関東で平将門が，瀬戸内海地方で藤原純友が，ほぼ同時期に反乱をおこした。

ウ 院政の実権をめぐり，保元の乱や平治の乱がおこった。

(2) 下線部Bについて述べた次の文中の空欄にあてはまる語句をア〜エから1つずつ選び，記号で答えなさい。　X [　　　] Y [　　　] Z [　　　]〔新潟〕

この乱の結果，ㅤXㅤの支配が，ㅤYㅤだけでなく，ㅤZㅤにも及ぶようになった。

ア 朝 廷　　イ 幕 府　　ウ 東 国　　エ 西 国

(3) 下線部Cについて，このころに出された法や命令について述べた文としてもっとも適切なものを次から1つ選び，記号で答えなさい。　[　　　]〔愛知一改〕

ア 九州地方の政治や外交，防衛にあたらせるため，大宰府を置いた。

イ 一揆を防ぐため，農民たちのもつやり・弓・鉄砲などの武器を取りあげた。

ウ 大名を統制するため，許可なく城を修理することを禁じた。

エ 領地を売るなどした御家人の窮乏を救うため，ただで領地を取り戻させた。

(4) 下線部Dについて，次の問いに答えなさい。　〔新潟一改〕

① 明が日本の船に右の図のような合札を使用させたことから，この貿易を何と呼んだか答えなさい。　[　　　]

② この合札はどのようなことを証明するために用いたか答えなさい。

[　　　　　　　　　　　　　　　　　　]

(5) 下線部Eについて，このころの文化について述べた文として正しいものを次から1つ選び，記号で答えなさい。　[　　　]〔高知一改〕

ア 雪舟が日本の風景や自然などを墨一色で表現した水墨画を描いた。

イ 奥州藤原氏によって，平泉に中尊寺金色堂が建てられた。

ウ 空海が遣唐使とともに唐に渡り，帰国後に真言宗を開いた。

エ 仮名文字を用いた文学がさかんになり，紀貫之らが『古今和歌集』をまとめた。

 鎌倉時代の武士は，先祖以来の土地に住み領地を拡大し，分割相続を行っていた。

12 歴史 ヨーロッパ人の来航と全国統一

入試重要ポイント TOP3

南蛮貿易	長篠の戦い	太閤検地
ポルトガル・スペインとの貿易。平戸・長崎・堺で行う。	大量の鉄砲を有効に使い，織田信長が武田勝頼を破る。	土地の面積やよしあしを調べ，予想収穫量を石高で表す。

1 ヨーロッパ世界

▲大航海時代に開拓された航路

(1) **十字軍**……**ローマ教皇**がイスラム教徒からの聖地エルサレムの奪還を命令→失敗。
カトリック教会の頂点に立つ聖職者

(2) **宗教改革**……**ルター**や**カルバン**がカトリック教会を批判→**プロテスタント**。カトリックも**イエズス会**を結成し，海外布教へ。
↳聖書が信仰のよりどころ

(3) **大航海時代**……ポルトガルはアジア貿易，スペインはアメリカ大陸で**インカ帝国**などを滅ぼし，植民地化を進める。

(4) **日本への来航**……ポルトガル人が**鉄砲**，**ザビエル**がキリスト教を日本にもたらす。**南蛮貿易**が始まる→キリシタン大名。
1543年，種子島に伝わる　イエズス会宣教師，1549年に来日

2 安土桃山時代
あづちももやま

(1) **織田信長**……室町幕府を滅ぼす。鉄砲を有効活用し，**長篠の戦い**で勝利。関所の廃止。安土城下で**楽市・楽座**。キリスト教を保護し，仏教を弾圧。本能寺の変で自害。
↳比叡山延暦寺の焼き打ち，一向一揆の弾圧

(2) **豊臣秀吉**……**太閤検地**・**刀狩**を行い，**兵農分離**を図る。キリスト教宣教師を追放。全国統一。2度の朝鮮侵略。
耕作権の保障と土地へのしばりつけ　一揆の防止

(3) **桃山文化**……豪華で壮大な文化。天守のある城，豪華なふすま絵（**狩野永徳**ら），茶の湯（**千利休**），かぶき踊り（**出雲の阿国**）。

▲かぶき踊り

ヨーロッパ世界

① **ルネサンス**…自由な人間性を尊重する文化運動。レオナルド=ダ=ビンチ「モナ=リザ」など。火薬・羅針盤・活版印刷術が発明される。

② **大西洋の三角貿易**

安土桃山時代

① **本能寺の変**…家臣の明智光秀が織田信長を自害に追い込む。

② **兵農分離**…武士と農民の身分の区別を明確にし，身分制社会の土台を築く。

③ **朝鮮侵略**…文禄の役・慶長の役で明の征服を目ざすが引きあげる。

サクッと確認

① 1492年に西インド諸島に到達したのはだれですか。	① <u>コロンブス</u>
② 日本に初めて鉄砲が伝わった場所はどこですか。	② <u>種子島</u>
③ スペインやポルトガル船との貿易を何といいますか。	③ <u>南蛮貿易</u>
④ 織田信長が，安土城下で商工業者に自由な経済活動をさせたことを何といいますか。	④ <u>楽市・楽座</u>
⑤ 豊臣秀吉が，農民から武器を取りあげたことを何といいますか。	⑤ <u>刀　狩</u>
⑥ 質素な風情のわび茶の作法を完成させた堺の商人はだれですか。	⑥ <u>千利休</u>

やってみよう!入試問題

解答 p.9

目標時間 10 分

[　　　] 分

1 次の文を読んで，あとの問いに答えなさい。

> 15～16世紀，ヨーロッパの国々が海路によって世界に進出した。Aポルトガルは，インドを拠点(きょてん)に貿易で大きな利益をあげ，Bスペインは中南米に鉱山を開発した。スペイン人やポルトガル人はC16世紀になると，日本を訪(おとず)れるようになった。

(1) 下線部Aについて，ポルトガル人のバスコ=ダ=ガマが開いた新航路を右の地図中の**ア～エ**から1つ選び，記号で答えなさい。　[　　　]　〔兵庫〕

(2) 下線部Bについて述べた次の文中にあてはまる語句を，あとの**ア～キ**から1つずつ選びなさい。〔兵庫一改〕

X [　　　] 　Y [　　　] 　Z [　　　]

> スペインは現在のペルーにあった　X　帝国(ていこく)などを征服(せいふく)した後，鉱山開発を行った。先住民を銀の採掘(さいくつ)にあたらせ，人口が減ると　Y　の人々をアメリカ大陸に連れてきて，労働力とした。また，　Z　の信仰(しんこう)を広めるために多くのイエズス会宣教師が派遣(はけん)された。

ア アステカ　　**イ** カトリック　　**ウ** プロテスタント　　**エ** アジア

オ アフリカ　　**カ** イスラム　　**キ** インカ

(3) 下線部Cのころに活躍(かつやく)した豊臣秀吉(とよとみひでよし)の政策について，次の問いに答えなさい。

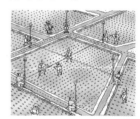

① 右の資料のような検地(けんち)で定められた土地の収穫量(しゅうかく)を表す基準を何というか，漢字2字で答えなさい。　〔青森〕

[　　　　　　]

② 検地や刀狩(かたながり)によっておこった社会の変化について「身分」という語句を用いて，次の文に合うように答えなさい。　〔青森〕

> 検地や刀狩によって，[　　　　　　　　　　　　　]，社会は安定した。

[　　　　　　　　　　　　　　　　　　　　　　　　　]

③ 豊臣秀吉がとった外交政策を次から1つ選びなさい。　[　　　]　〔静岡〕

　　ア 宣教師の国外追放を命じたが，貿易は続けた。

　　イ 鎖国(さこく)と呼ばれる，禁教や貿易統制の体制を確立した。

　　ウ 宣教師の勧(すす)めにより，4人の少年使節をローマ教皇のもとに派遣した。

　　エ 禁教の強化で日本人の海外への行き来を禁止し，スペイン船の来航も禁止した。

ヨーロッパでは，ルターやカルバンによって宗教改革が行われていた。

サクッ!と入試対策 ❺

解答 p.10

目標時間 10 分
分

1 次のⅠ～Ⅳの文を読んで，あとの問いに答えなさい。
〔福井一改〕

> Ⅰ ①弥生時代に稲作が広まると，②小国や小国連合ができて王が現れた。
>
> Ⅱ 律令制が確立すると，成人男子が負担する布や特産物を納める ☐A☐ や庸などの税が地方から都に運ばれ，この富を背景に平城京や③東大寺などがつくられた。
>
> Ⅲ 法然が，ただひたすら念仏を唱えればだれでも極楽浄土に生まれ変わると説く浄土宗を開くなど，④新しい仏教がおこった。
>
> Ⅳ ⑤室町時代に農業が発達すると，農村では ☐B☐ と呼ばれる自治組織がつくられた。

(1) 文中の ☐A☐・☐B☐ に適する語句を答えなさい。 A [   ] B [   ]

(2) 下線部①の時代の道具として適切なものを次から2つ選び，記号で答えなさい。

ア イ ウ エ

[・   ]

(3) 下線部②について，右の資料で示された状況のころ，中国の歴史書に記された日本の当時の様子について述べた文としてもっとも適切なものを1つ選び，記号で答えなさい。

[   ]

資料

ア 百余りの国に分かれていた。
イ 奴国の王が中国皇帝から金印を授けられた。
ウ 女王卑弥呼が邪馬台国を治めていた。
エ 倭の五王が中国皇帝に使者を送っていた。

(4) 下線部③について，仏教の力で国を守るため，東大寺に大仏をつくることを命じた天皇の名を答えなさい。 [   ]

(5) 下線部④について，浄土宗などの新しい仏教が武士や民衆に広く受け入れられたのは，これまでの仏教とは異なり，どのような特色があったからか理由を答えなさい。

[   ]

(6) 下線部⑤について述べた次のa・bの文の正誤の組み合わせとして正しいものを，あとのア～エから1つ選び，記号で答えなさい。 [   ]

a 二毛作が広がり，麻や桑などの栽培が広がった。
b 備中ぐわや千歯こきなどの農具が広く使われた。

ア 両方正しい イ aだけが正しい ウ bだけが正しい エ 両方誤り

> 日本の様子が記された中国の歴史書が，どの王朝のものであったかを考える。

サクッ!と入試対策 ❻

解答 p.10 　目標時間 10分 　分

1 次のA～Dの女性の話を読んで，あとの問いに答えなさい。

〔和歌山一改〕

> A 私は，おいの聖徳太子らとともに政治を行いました。このころ，①飛鳥地方を中心に日本で最初の仏教文化が栄えました。
> B 私が藤原道長の娘に仕えたころ，②藤原氏による摂関政治が行われていました。私は仮名文字で[＿＿＿]という文学作品を著しました。同じころ，清少納言も活躍しています。
> C 私は 源 頼朝の妻です。頼朝の死後，私の実家の③北条氏が政治を行いました。④承久の乱のときには私は御家人に団結を呼びかけ，幕府を勝利に導きました。
> D 私が始めたかぶき踊りは，当時，京の都で庶民の人気を集めました。

 (1) 下線部①の文化の仏像を次から1つ選び，記号で答えなさい。 [ ]

ア 　イ 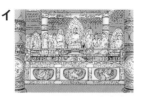　ウ 　エ

(2) 下線部②について，藤原氏が摂政や関白として政治の実権を握るために，どのようにして天皇家と関係を深めたかを簡単に答えなさい。

[ ]

(3) 文中の[＿＿＿]にあてはまる文学作品を次から1つ選び，記号で答えなさい。[ ]

ア　平家物語　　イ　枕草子　　ウ　源氏物語　　エ　万葉集

(4) 下線部③について，武家社会の慣習をまとめた次の資料の法律の名を答えなさい。

[ ]

> 一，諸国の守護の仕事は，御家人の京都を守る義務を指揮・催促すること，謀反や殺人などの犯罪を取り締まることである。
> 一，20年以上継続してその地を支配していれば，その者の所有となる。

(5) 下線部④について，この乱をおこした人物の名を答えなさい。[ ]

(6) Dの人物が活躍したころの文化について説明した文を次から1つ選び，記号で答えなさい。 [ ]

ア　狩野永徳が金箔を使って描いた屏風絵など，豪華で雄大な文化が栄えた。
イ　井原西鶴の武士や町人の世界をもとにした小説など，上方で町人の文化が栄えた。
ウ　雪舟の水墨画や東求堂同仁斎の書院造など，簡素で気品のある文化が発展した。
エ　葛飾北斎や歌川広重らの風景画など，江戸を中心に町人の文化が栄えた。

 かぶき踊りは，その後，江戸時代には男性による歌舞伎として発達した。

13 歴史 江戸幕府の成立と展開

入試重要ポイント TOP3

参勤交代
大名に1年おきの江戸滞在を義務づける制度。

百姓一揆
年貢減免などを求めた抵抗運動。都市では打ちこわし。

浮世絵
多色刷りの木版画で普及。ヨーロッパの絵画に影響。

1 江戸幕府のしくみ

(1) 江戸幕府……関ヶ原の戦いに勝利した徳川家康が開く。

(2) 大名統制……武家諸法度を制定→徳川家光が参勤交代を追加。

(3) 農民統制……村役人による運営。五人組（年貢納入・犯罪防止）。

(4) 宗教政策……キリスト教の禁止→絵踏・宗門改。

(5) 外交政策……朱印船貿易→日本人の海外渡航の禁止。中国・オ
　　　　　　　　↳貿易許可の朱印状をもつ船が東南アジアへ出向く
　　　ランダに限り，長崎で幕府が独占的に貿易を行う（鎖国）。
　　　　　　　　　　　↳独占的

2 産業の発達と幕政改革

(1) 農業の進歩……新田開発，備中ぐわや千
　　歯こきなどの農具の改良→商品作物。

▲備中ぐわ　▲千歯こき

(2) 商業の繁栄……大阪に蔵屋敷。大商人が
　　　　　　　　↳「天下の台所」　↳諸藩が年貢米を売りさばくために設置
　　株仲間を結成し，営業を独占。
　　↳同業者組合

(3) 幕政改革……享保の改革（8代徳川吉宗）→老中田沼意次の改革
　　　　　　　　　↳上米の制・公事方御定書　　　　↳株仲間の奨励
　　→寛政の改革（老中松平定信）→天保の改革（老中水野忠邦）。
　　　↳幕府の学校では朱子学以外の学問を禁止　　↳株仲間の解散

3 新しい学問と文化

(1) 学問……朱子学（幕府の正学），国学（古典の研究），蘭学。
　　　　　　　　　　　　　　　　　↳本居宣長が大成

(2) 元禄文化……江戸時代前期。近松門左衛門（人形浄瑠璃）・松尾
　　↳上方の町人文化
　　芭蕉（俳諧）・井原西鶴（浮世草子），浮世絵の菱川師宣ら。
　　　　　　　　　　　　　　　　　　　　　　　　　↳「見返り美人図」

(3) 化政文化……江戸時代後期。浮世絵の歌川広重・葛飾北斎など。
　　↳江戸中心の町人文化　　　　　　　↳「東海道五十三次」　↳「富嶽三十六景」

入試得点アップ

江戸幕府のしくみ

① 島原・天草一揆
　　1637年，重税とキリスト教の弾圧に抵抗しておきた一揆。

② 朝鮮通信使…将軍の代替わりごとに朝鮮から派遣された祝賀使節。朝鮮とは対馬藩の仲立ちで国交を回復。

産業の発達と幕政改革

① 手工業の発達…問屋制家内工業から，工場で分業を行う工場制手工業へ。

② 大塩の乱…1837年，幕府の元役人・大塩平八郎が幕府領の大阪でおこした反乱。

新しい学問と文化

① 蘭学…オランダ語を通し，ヨーロッパの文化などを学ぶ学問。杉田玄白らが『解体新書』を翻訳・出版。

② 伊能忠敬…全国を測量し，正確な日本地図を作成。

サクッと確認

① 江戸幕府が大名統制のために定めた法令を何といいますか。
② 1637年に九州地方でおきた大規模な一揆を何といいますか。
③ 江戸時代の商工業者の同業者組合を何といいますか。
④ 徳川吉宗が行った幕政改革を何といいますか。
⑤ ③の奨励などで幕府財政を立て直そうとした老中はだれですか。

① 武家諸法度
② 島原・天草一揆
③ 株仲間
④ 享保の改革
⑤ 田沼意次

やってみよう!入試問題

解答 p.11

1

江戸時代の人々のくらしと政治改革について，次の問いに答えなさい。

(1) 資料Ⅰを幕府が定めた目的をあとから1つ選び，記号で答えなさい。[　　　　　] 〔滋賀一改〕

資料Ⅰ

> 一，学問と武道は常に心がけて励むべきである。
> 一，諸国の城は，修理をするときでも幕府に届け出ること。

ア 天皇や公家の統制　**イ** 大名の統制　**ウ** 寺社の統制　**エ** 町人の統制

(2) 江戸時代には農具や農作業の方法も改良されました。資料Ⅱの農具の名称を答えなさい。[　　　　　] 〔大阪一改〕

資料Ⅱ

(3) 資料Ⅲは一揆をおこす人々が署名した，からかさ連判状です。一揆をおこす人々がこのように円形に名まえを記した理由を簡単に答えなさい。[　　　　　] 〔奈良〕

資料Ⅲ

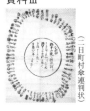

（二日町村象連判状）

(4) 次の文中の下線部のうち，正しくないものを1つ選び，記号で答えなさい。また，正しい語句を答えなさい。 〔大阪一改〕

記号 [　　　　　]　語句 [　　　　　]

・老中松平定信は都市へ出稼ぎに来た者を農村に帰すなど，ァ享保の改革に取り組んだ。

・1837年，ききんで苦しむ人々を見た幕府の元役人ィ大塩平八郎が大阪で乱をおこした。

・老中水野忠邦は，商工業者の同業者組合であるゥ株仲間の解散などの改革を行った。

2

次の博物館でのメモを読み，あとの問いに答えなさい。 〔岐阜一改〕

> 展示室には，藩札と　X　の風景画があった。財政難に苦しむ諸藩は，藩札を発行する以外にも，18世紀後半に藩政改革を行った。文化の面では，浮世絵の技術が進み，多色刷りの美しい版画がつくられた。なかでも　X　は風景画に優れた作品を残している。

(1)「東海道五十三次」などの作品を描き，ヨーロッパの絵画にも大きな影響を与えた，文中の　X　にあてはまる人物の名を答えなさい。[　　　　　]

(2) 下線部の改革の内容としてもっとも適切なものを次から1つ選び，記号で答えなさい。[　　　　　]

ア 楽市・楽座の政策によって，商工業の発展を図った。

イ 武士に質素・倹約を命じ，上米の制を定めた。

ウ 特産物の生産を奨励し，専売制をとった。

一揆の首謀者は死罪と，公事方御定書に定められていた。

歴史

14 欧米の近代化と日本の開国

入試重要ポイント TOP3

産業革命	尊王攘夷運動	大政奉還
工場での機械生産による社会のしくみの変化。	天皇を尊び，外国を排斥しようという考え方。	徳川慶喜が政権を朝廷に返上，武家政権は終わる。

[　月　　日]

1 欧米の近代化

(1) イギリス……ピューリタン革命→**名誉革命**で，**権利章典**制定。
　　↳清教徒革命　　　　　↳議会を尊重する新しい王を迎える

(2) アメリカ……イギリスに対する独立戦争で，**独立宣言**を発表。

(3) フランス……**フランス革命**をおこし，**人権宣言**を発表。

(4) アジア侵略……イギリスで**産業革命**→原料の供給地・製品の市
　　　　　しんりゃく　　　　　　　　　しん
　　場を求めてアジアへ。①中国(清)—**アヘン戦争**でイギリスに敗
　　　　　ナンキン
　　北→**南京条約**。②インド—インド大反乱→イギリスの植民地に。
　　　　↳5港の開港・香港の割譲

2 日本の開国

(1) 開国前の様子……異国船打払令を廃止，
　　　　　　　　　　　うちはらいれい　　はいし
　　　　　　　　　　　↳1825年
　　外国船にまきや水・食料を補給。

(2) 開国……1853年，アメリカのペリーが浦
　　　　　　　　　　　　　　　　　　　　　うら
　　賀に来航→1854年，**日米和親条約**で開国
　　が　　　　　　　　↳い　い　なおすけ
　　→1858年，井伊直弼が**日米修好通商条約**
　　　　　　　　　　　　　　↳英・仏・露・蘭とも同様の条約
　　を結ぶ。**領事裁判権**を認め，**関税自主権**をもたない，日本にと
　　　　　　　　　↳輸入品への関税率を自国で決める権利
外国人の犯罪は領事が自国の法で裁く権利
　　って不平等な条約。

(3) 開国の影響……尊王攘夷運動が高まる→薩英戦争や四国艦隊下
　　　　　せきほうげき　そんのうじょうい　　　　　　　　　　　　　　　しもの
　　関砲撃事件で攘夷の不可能を知る→倒幕運動への転換。
　　　　　　　　　　　　　　　　　　とうばく　　↳下関戦争ともいう

(4) 倒幕……1866年，薩摩藩の**西郷隆盛**・大久保利通と長州藩の
　　き　ど　たかよし　　さつまはん　さいごうたかもり　おお　く　ぼ　としみち
　　木戸孝允が**薩長同盟**→1867年，**大政奉還**後に王政復古の大号
　　　　　　↳土佐藩出身の坂本龍馬の仲立ちによる　↳15代将軍徳川慶喜
　　令→戊辰戦争(鳥羽・伏見の戦い〜五稜郭の戦い)。
　　　ぼしん　　　↳天皇中心の政治への回帰宣言　と　ば　ふしみ　　　ご りょうかく

日米修好通商条約で開港した港

▲開港地

※日米修好通商条約の締結により下田は閉鎖

入試得点アップ

欧米の近代化

① **アジアの三角貿易**

（イギリス・インド・中国(清)　綿花・綿製品・銀・茶・絹・アヘン）

② 太平天国の乱…アヘン戦争後，清の打倒を目ざし，キリスト教の影響を受けた洪秀全がおこした乱。
　　　　　　こう　しゅうぜん　ホン　シウチュワン

日本の開国

① **安政の大獄**…大老井伊直弼による反対勢力への弾圧事件→桜田門外の変(井伊直弼暗殺)。
　　たいごく　　たいろう　　　　　　　だんあつ

② 幕末の輸出入品

輸入：武器7.6　その他8.0　毛織物47.6%　綿織物36.8　1407.7万ドル

輸出：その他5.3　茶10.5　生糸84.2%　1849.1万ドル　(1865年)

※綿織物は綿糸を含む。生糸はまゆ，蚕卵紙を含む。

(「日本経済史3　開港と維新」)

サクッと確認

① フランス革命で出された宣言文を何といいますか。

② 1840年に中国(清)とイギリスの間でおこった戦争を何といいますか。

③ 1854年に日本が開国した2か所の港はどこですか。

④ 1858年に日本が5港を開き，アメリカと貿易を行うことを認めた条約を何といいますか。

⑤ 1866年に坂本龍馬が仲立ちとなって結ばれた同盟を何といいますか。
　　さかもとりょうま

⑥ 15代徳川慶喜が政治の実権を朝廷に返還したことを何といいますか。
　　とくがわよしのぶ　　　　　　　　　ちょうてい

① <u>人権宣言</u>

② <u>アヘン戦争</u>

③ <u>下田・函館</u>
　　しも だ　はこだて

④ <u>日米修好通商条約</u>

⑤ <u>薩長同盟</u>
　　さっちょう

⑥ <u>大政奉還</u>

やってみよう!入試問題

解答 p.11

⏱ -10-

目標時間 10分 ___ 分

1 次の文を読んで，あとの問いに答えなさい。

江戸幕府はＡ外国船が近海に頻繁に現れる中で鎖国を守ろうとしたが，Ｂアメリカのペリーが来航し，開国を要求すると，その強い態度におされて開国に踏み切った。

(1) 下線部Ａについて，次の問いに答えなさい。

① この背景として，欧米諸国がいち早く市民社会を成立させ，産業革命が進んでいたことがあげられます。市民社会の成立について述べた文として正しいものを次から1つ選び，記号で答えなさい。 [   ] 〔鹿児島一改〕

ア イギリスの名誉革命では，国王が処刑され，権利章典が制定された。

イ イギリスの名誉革命では，国民主権をうたった人権宣言が発表された。

ウ アメリカは，フランスからの独立を求めて戦争をおこし，独立宣言を発表した。

エ アメリカは，独立戦争を経て三権分立の原則などを定めた合衆国憲法を制定した。

② このころのアジアでのできごととして正しくないものを次から1つ選び，記号で答えなさい。 [   ] 〔福井〕

ア 太平天国の乱 　**イ** インド大反乱 　**ウ** アヘン戦争 　**エ** 辛亥革命

✏️記述 ③ 幕府はアジアの状況を知り，1842年に外国船に対する対応を変更しています。どのように変更したか，「異国船打払令」「水や燃料」という語句を用いて簡単に答えなさい。[   ] 〔愛媛〕

(2) 下線部Ｂについて，次の問いに答えなさい。

① ペリーが来航した浦賀の位置を右の地図中から1つ選び，記号で答えなさい。 [   ] 〔香川〕

② 次の開国後のできごとをおきた順に並べ替え，記号で答えなさい。 [→ 　 → 　] 〔佐賀〕

ア 幕府政治の反対派を処罰した安政の大獄がおこる。

イ 下田にアメリカ総領事であるハリスが着任する。

ウ 坂本龍馬の仲立ちによって薩長同盟が成立する。

③ 右のグラフはこのころの横浜港の主要輸出品の輸出総額に占める割合を示したものです。 X にあてはまる輸出品を次から1つ選び，記号で答えなさい。 [   ] 〔千葉一改〕

ア 毛織物 　**イ** 銅 　**ウ** 生糸 　**エ** 綿織物

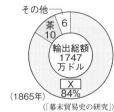

その他
茶 6
10
輸出総額
1747
万ドル
X
(1865年) 84%
（「幕末貿易史の研究」）

 欧米諸国は，原料を輸入し，製品を輸出するための市場を求めていた。

15 歴史 近代日本のあゆみ

入試重要ポイント TOP3

地租改正
土地所有者に地券を発行。地価の3%を現金で納税。

自由民権運動
板垣退助らが藩閥政治を批判し、国会開設を要求。

伊藤博文
憲法草案作成、初代内閣総理大臣、初代韓国統監。

1 明治維新

(1) 新政府の成立……五箇条の御誓文。版籍奉還・廃藩置県。
　　　　　　　　　　　　　　　↳藩主が土地(版)・人民(籍)を政府に返還　↳藩を廃止して県を置く
(2) 富国強兵……人材育成のための学制の公布，財政基盤としての
　　地租改正，徴兵令，殖産興業を目ざして官営模範工場。
　　　　　　　↳満20歳以上の男子に兵役の義務

2 議会政治の始まり

(1) 自由民権運動……板垣退助らが民撰議院設立の建白書を出して，
　　　　　　　　　　　　　　　　　　　　　　↳大隈重信が結成
　　国会開設を要求→国会開設の勅諭→自由党・立憲改進党結成。
　　　　　　　　　　　↳天皇主権，君主権の強いドイツ憲法を手本に　↳板垣退助が結成
(2) 議会政治……内閣制度→大日本帝国憲法発布→第1回衆議院議
　　員選挙，満25歳以上の直接国税15円以上を納税している男子
　　　　　　　　　　　　　　　　　　　　↳貴族院と選挙選出の衆議院
　　にのみ選挙権が与えられる→第1回帝国議会開会。

3 外交政策

(1) 条約改正……1871年，岩倉使節団→1894年，領事裁判権の撤
　　廃(陸奥宗光)→1911年，関税自主権の完全回復(小村寿太郎)。
(2) 日清戦争……1894年，甲午農民戦争をきっかけに開戦→下関
　　一部で官営/八幡製鉄所建設
　　条約で賠償金・台湾・遼東半島などを獲得。
　　　　　　　　　　　リアオトン ↳ロシア・ドイツ・フランスの三国干渉で清に返還
(3) 日露戦争……1904年に開戦→戦争
　　継続が困難→アメリカの仲立ちによ
　　るポーツマス条約で樺太の南半分や
　　南満州の鉄道利権などを獲得するが，
　　賠償金はなし→日比谷焼き打ち事件。

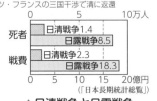

▲日清戦争と日露戦争
「日本長期統計総覧」

	死者	戦費
日清戦争	1.4	2.3
日露戦争	8.5	18.3

入試得点アップ

明治維新
① 富岡製糸場…フランスの技術指導で群馬県に建設した官営模範工場。
② 文明開化…太陽暦などの西洋文明の導入。福沢諭吉の『学問のすゝめ』などの新しい思想。

議会政治の始まり
★ 西南戦争…西郷隆盛を中心とする，不平士族最後の反乱。

外交政策
① ノルマントン号事件
　和歌山県沖での海難事故。イギリス人船長は軽い刑罰のみだったため，日本国内に不平等条約改正の世論が高まる。
② 日英同盟…1902年，ロシアの南下政策に対抗するためにイギリスと同盟を結ぶ。
③ 韓国併合…日露戦争後，韓国を保護国にし，1910年に植民地とする。

サクッと確認

① 土地所有者に地価の3%の現金納税を課したことを何といいますか。 ── ① 地租改正
② 自由民権運動の中心となり，自由党を結党したのはだれですか。 ── ② 板垣退助
③ 1889年に制定されたアジア初の近代憲法を何といいますか。 ── ③ 大日本帝国憲法
④ 日清戦争のきっかけとなった朝鮮の農民蜂起を何といいますか。 ── ④ 甲午農民戦争
⑤ 三国干渉によって，日本が清に返還したところはどこですか。 ── ⑤ 遼東半島

1 次の文を読んで，あとの各問いに答えなさい。〔熊本一改〕

> 新政府は，A富国強兵政策を進め，各地にB官営の工場をつくり，新しい技術の普及を図った。C立憲制の国家のしくみを整えていく中で，産業では，軽工業を中心に工業化が進み，生糸や綿糸がさかんに輸出された。

(1) 下線部Aについて，次の空欄　X　・　Y　にあてはまる語句を答えなさい。

X [　　　　　　]　Y [　　　　　

> 財政安定のために地租改正を行い，地租を　X　の3%とし，土地所有者が　Y　で納めることとした。

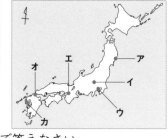

(2) 下線部Bについて，1872年に開業した生糸を生産する官営工場で，現在，世界文化遺産に登録されている工場名を答え，その位置を右の地図中の**ア～カ**から1つ選び，記号で答えなさい。

工場名 [　　　　　　　　　]　位置 [　　　　　]

(3) 下線部Cについて，日本の立憲制に関する次のできごとを年代の古いものから順に並べ替え，記号で答えなさい。[　　　→　　　→　　　]

ア 第1回帝国議会が開かれた。　　**イ** 内閣制度がつくられた。

ウ 大日本帝国憲法が発布された。

2 日清戦争と日露戦争について，次の問いに答えなさい。〔秋田一改〕

(1) 右の表のa～dにあてはまるできごとを次から1つずつ選び，記号で答えなさい。

a [　　　]　b [　　　]　c [　　　]　d [　　　]

ア 日英同盟を結ぶ　　**イ** 関税自主権を確立する
ウ 領事裁判権を撤廃する　　**エ** 三国干渉を受け入れる

時期		できごと
日清戦争	直前	a
	直後	b
日露戦争	前	c
	後	d

(2) 日露戦争後，政府に対して不満をもった国民が東京で暴動をおこした。その理由を次の表と絵から読み取れることと関連づけて答えなさい。

絵　日露戦争のころの様子

表　戦争の比較

日清戦争	項目	日露戦争
約2.3億円	戦費	約18.3億円
約3.1億円	賠償金	なし
遼東半島など リアオトン	領土	樺太の南半分 からふと

[

ココ注意! 製糸業は養蚕業と結びついており，蚕のえさとして桑が必要である。

16 歴史 第一次世界大戦と世界の動き

入試重要ポイント TOP3

国際連盟
ウィルソンの提唱による国際機関。日本は常任理事国。

大正デモクラシー
民主主義を求める風潮。吉野作造の民本主義。

政党内閣
議会で多数の議席を占める政党で組織された内閣。

1 第一次世界大戦

(1) **国際情勢**……三国同盟と三国協商の対立。バルカン半島は民族紛争が多く「**ヨーロッパの火薬庫**」と呼ばれる。

(2) **第一次世界大戦**……1914年のサラエボ事件がきっかけ。新兵器が使用され，植民地を巻き込んだ世界規模の戦争。日本は日英同盟を理由に参戦→中国に対し**二十一か条の要求**を示す。
　　↳オーストリア皇太子夫妻の暗殺事件
　　↳戦車・飛行機・毒ガス・潜水艦

(3) **ロシア革命**……1917年，帝政を廃止しレーニンが指導するソビエトが実権→1922年，**ソビエト社会主義共和国連邦**の成立。

(4) **大戦後**……ドイツの敗戦→**ベルサイユ条約**。**国際連盟**の設立。
　　↳本部はジュネーブ，提唱国アメリカは不参加

(5) **民族運動**……朝鮮で**三・一独立運動**，中国で**五・四運動**，インドで**ガンディー**が非暴力・不服従運動を指導。
　　↳帝国主義に反対する反日運動

▲第一次世界大戦前の国際関係

- イギリス
- 日本
- 日英同盟（1902年）
- 三国協商（1907年）
- 日露協約（1907年）
- ロシア
- ドイツ
- フランス
- オーストリア
- 三国同盟（1882年）
- バルカン半島
- セルビア
- イタリア

2 大正デモクラシー

(1) **政党内閣**……1918年，**米騒動**で退陣した内閣にかわり，立憲政友会の**原敬**内閣が成立。初の本格的政党内閣。

(2) **社会運動**……労働争議や小作争議が増加。平塚らいてうや市川房枝による**新婦人協会**。**全国水平社**による部落解放運動。
　　↳女性の政治活動の自由を求める　↳青鞜社を結成

(3) **普通選挙**……1925年に満 25 歳以上のすべての男子に選挙権。同時に，共産主義を取り締まる**治安維持法**も制定。

入試得点アップ

第一次世界大戦

① **シベリア出兵**…ロシア革命の広がりを恐れた日本やアメリカによる干渉戦争。

② **ベルサイユ条約**…ドイツの領土や軍備を縮小，巨額の賠償金。

③ **ワシントン会議**
1920～21年に海軍軍縮や太平洋地域の現状維持，中国の領土保全を取り決め。

大正デモクラシー

① **大戦景気**

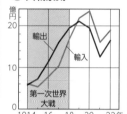

（「明治以降本邦主要経済統計」）

② **米騒動**…シベリア出兵を見こした米の買い占めで米価が高騰。米の安売りを求めた富山県の暴動が全国に拡大。

サクッと確認

① 民族紛争が多かったバルカン半島は何と呼ばれていましたか。
② 第一次世界大戦後に結ばれた講和条約を何といいますか。
③ 第一次世界大戦後に世界で初めてつくられた平和のための国際機関を何といいますか。
④ 米騒動後，初の本格的政党内閣を組織したのはだれですか。
⑤ 部落差別からの解放を目ざして結成された組織を何といいますか。
⑥ 共産主義を取り締まるために制定された法律を何といいますか。

① <u>ヨーロッパの火薬庫</u>
② <u>ベルサイユ条約</u>
③ <u>国際連盟</u>

④ <u>原　敬</u>
⑤ <u>全国水平社</u>
⑥ <u>治安維持法</u>

やってみよう!入試問題

解答 p.12　目標時間 10 分　　分

[　　月　　日]

1 大正時代の日本と外国との関わりをまとめた次の表を見て，あとの問いに答えなさい。

世界のできごと	日本の動き
1914年 ①第一次世界大戦がおこる 1917年 ロシア革命がおこる……※ 1920年 ⑤国際連盟が設立される	護憲運動がおこるなど，②国民の政治意識が高まった。③米騒動後，④本格的な政党内閣が成立し，1925年には⑥普通選挙制が実現した。

(1) 下線部①について，右の図は第一次世界大戦直前のヨーロッパの国際関係を表しています。資料を参考にして，X・Y にあてはまる国を次から1つ選び，記号で答えなさい。　〔島根一改〕

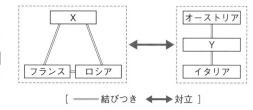

[══ 結びつき　◄━► 対立]

X [　　　　　] Y [　　　　　]

ア トルコ　　**イ** イギリス
ウ ドイツ　　**エ** スペイン

資料

二十一か条の要求（抜粋）
一，中国政府は，山東省に関する Y の権益が，日本にゆずり渡されることを認めること。

(2) 下線部②について，青鞜社を結成し，その後，市川房枝らと新婦人協会を設立し，女性の政治活動の自由などを求めた人物の名を答えなさい。　〔福島一改〕

[　　　　　　　　　　　　　　　]

(3) 下線部③について，米騒動がおきた原因の1つは，米価が急激に上昇したことです。その理由を表中の※と関連させて答えなさい。　〔山形〕

[　　　　　　　　　　　　　　　　　　　　　　　　　　　　　　　　　　　　]

(4) 下線部④について，日本で初めて本格的な政党内閣を組織した人物の名を答えなさい。

[　　　　　　　]〔大阪〕

(5) 下線部⑤についての説明として適切でないものを次から1つ選び，記号で答えなさい。

[　　　　　]〔大分〕

　ア 提唱国のイギリスは，不参加であった。
　イ 本部は，スイスのジュネーブに置かれた。
　ウ 日本は，常任理事国であった。
　エ ドイツは当初，加盟が認められなかった。

(6) 下線部⑥について，このとき選挙権が与えられたのはどのような人たちだったかを答えなさい。[　　　　　　　　　〔山形〕

日本は1902年に結んだ日英同盟によって，第一次世界大戦に参戦した。

17 歴史　第二次世界大戦と戦後の世界

入試重要ポイント TOP3

世界恐慌
アメリカの株価の大暴落からおきた世界的な不景気。

ファシズム
民主主義を否定し，国家を重視する全体主義。

冷たい戦争（冷戦）
資本主義諸国と社会主義諸国の戦火を交えない対立。

1 世界恐慌の影響

(1) 欧米諸国の動き……アメリカは**ニューディール政策**，イギリス・フランスは**ブロック経済**，社会主義国のソ連は影響を受けず。ドイツやイタリアは**ファシズム**が台頭。
〔スターリンによる五か年計画〕
〔植民地とのつながりを深め，他国の商品に高関税〕
〔ヒトラーがナチスを率いる〕

(2) 日本の中国侵略……**満州事変**(1931年)→**満州国建国**(1932年)→国際連盟に承認されず**脱退**(1933年)→**日中戦争**(1937年)。
〔柳条湖事件がきっかけ〕
〔盧溝橋事件がきっかけ〕

(3) 日本の戦時体制強化……**国家総動員法**・**大政翼賛会**・**配給制**。

2 第二次世界大戦と太平洋戦争

(1) 第二次世界大戦(1939〜45年)……ドイツの**ポーランド侵攻**→ファシズムの**枢軸国**と反ファシズムの**連合国**の戦い。
〔ヨーロッパ各地にレジスタンス〕

(2) 太平洋戦争(1941〜45年)……1940年に**日独伊三国同盟**→翌年**真珠湾攻撃**により開戦→1945年，**東京大空襲**，沖縄で地上戦，広島・長崎に**原子爆弾**が投下され**ポツダム宣言**を受諾。

3 戦後の世界

(1) **GHQ**の占領政策……**財閥解体**，**農地改革**，**日本国憲法**の制定。
〔地主の土地を政府が買い上げ，小作農に安価に売却〕

(2) 冷戦……**国際連合**が発足するが米ソの対立は激化。**朝鮮戦争**。
〔冷たい戦争〕
〔本部はニューヨーク，原加盟国51か国〕

(3) 日本の国際社会復帰……1951年，**サンフランシスコ平和条約**で独立を回復(同時に**日米安全保障条約**)→1956年，**日ソ共同宣言**後に国際連合に加盟→1965年，**日韓基本条約**→1972年，**日中共同声明**(1978年には日中平和友好条約)。
〔吉田茂が調印〕
〔1950年〕

入試得点アップ

世界恐慌の影響

① **五・一五事件**…1932年，海軍の青年将校らが犬養毅を暗殺し，政党政治が終わる。

② **二・二六事件**…1936年，陸軍の青年将校のクーデター。失敗したが，軍部は政治への発言力を強める。

第二次世界大戦と太平洋戦争

★ 国際関係

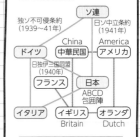

独ソ不可侵条約(1939〜41年)
日ソ中立条約(1941年)
ソ連
China 中華民国
America アメリカ
ドイツ
日独伊三国同盟(1940年)
フランス
日本
ABCD包囲陣
イタリア
イギリス Britain
オランダ Dutch

戦後の世界

① **警察予備隊**…1950年に組織され，1954年に自衛隊に発展。

② **沖縄復帰**…1972年に実現したが，米軍基地は残る。

③ **石油危機**…第四次中東戦争が要因。高度経済成長が終わる。

サクッと確認

① アメリカのローズベルト大統領の世界恐慌対策を何といいますか。 → **① ニューディール政策**

② 日中戦争の長期化で，1938年に制定された法律を何といいますか。 → **② 国家総動員法**

③ 日本が受諾した無条件降伏を求める宣言を何といいますか。 → **③ ポツダム宣言**

④ 第二次世界大戦後の米ソの対立を何といいますか。 → **④ 冷たい戦争（冷戦）**

⑤ 日本の国際連合加盟実現のきっかけとなった外交文書は何ですか。 → **⑤ 日ソ共同宣言**

やってみよう！入試問題

解答 p.13

[　　月　　日]

⏱ -10-

目標時間 10 分

〔　　〕分

1 右の年表を見て，次の問いに答えなさい。

年代	できごと
1929 年	世界恐慌がおこる……………①
1939 年	第二次世界大戦が始まる………②
1945 年	第二次世界大戦が終わる
	↕ A
1951 年	サンフランシスコ平和条約が結ばれる
	↕ B
1989 年	冷戦の終結が宣言される………③

(1) 年表中の①について，資料Ⅰは，各国の鉱工業生産量について，1929 年の生産量を 100 とした場合の変化を表したものです。ソ連の鉱工業生産量が増加した理由としてもっとも適切なものを次から 1 つ選び，記号で答えなさい。　［　　　　］〔山形一改〕

ア 五か年計画により，国内生産を増強していたため。

イ ブロック経済により，輸入品に高い関税をかけたため。

ウ ニューディール政策により，不況対策に力を入れたため。

エ エチオピアを侵略し，植民地支配を拡大したため。

資料Ⅰ

（グラフ：ソ連，日本，イギリス，アメリカ　1927 28 29 30 31 32 33 34（年））

（「明治以降本邦主要経済統計」）

(2) 年表中の②について，資料Ⅱは戦争が始まる直前の国際関係を模式的に表したものです。図中の X・Y にあてはまる国の名称を次から 1 つずつ選び，記号で答えなさい。　〔愛媛一改〕

X ［　　　　］　Y ［　　　　］

ア フランス　　イ オランダ　　ウ イタリア

エ ソ連　　　　オ スペイン

資料Ⅱ

（図：中国――アメリカ，ドイツ―三国同盟，ABCD包囲陣，日本，X，イギリス――Y）

(3) 年表中 A の期間に様々な改革が行われました。その中の 1 つに農地改革があります。右のグラフからわかる農地改革の目的を，簡単に答えなさい。　〔群馬一改〕

[　　　　　　　　　　　　　　　　　　　　　　　　　　]

自作・小作の農家の割合

	自作	自小作	小作	その他
1940年	31.1%	42.1	26.8	
1950年	61.9%	32.4	5.1	0.6

0 20 40 60 80 100（%）

(4) 年表中 B の期間におこった次のできごとを年代順に並べ替え，記号で答えなさい。〔山形〕

［　　→　　→　　→　　］

ア 沖縄が日本に返還される。　　イ 日韓基本条約が結ばれる。

ウ 日中平和友好条約が結ばれる。　エ 日ソ共同宣言が出される。

(5) 年表中の③について，冷戦における東西両陣営の中心となった当時の国の組み合わせとして正しいものを次から 1 つ選び，記号で答えなさい。　［　　　　］〔新潟〕

ア アメリカと中国　　イ イギリスと中国

ウ アメリカとソ連　　エ イギリスとソ連

太平洋戦争開戦前，日本は A B C D 包囲陣によって経済的に封じ込められていた。

サクッ!と入試対策 ❼

解答 p.13　　⏱ 目標時間 10 分　　　　　分

1 19 世紀以降の日本の歴史に関する表を見て，あとの問いに答えなさい。 〔福岡一改〕

時代	おもなできごと
江戸	水野忠邦が政治改革を行ったが失敗に終わった。……①
明治	自由民権運動が高まり，立憲制に基づく近代国家が成立した。……②
大正	大正デモクラシーの風潮により，社会運動が広がった。……③
昭和	世界恐慌による混乱が続く中，戦争が始まった。……④

(1) ①について，水野忠邦の政策を次から 1 つ選び，記号で答えなさい。　[　　　]

　ア 大名に対して，参勤交代をゆるめるかわりに米を献上させた。

　イ 異国船打払令をやめ，寄港した外国船には水やまきを与えた。

　ウ 極端な動物愛護を定めた生類憐みの令を出した。

　エ 商工業者が株仲間をつくることを奨励し，営業税を納めさせた。

(2) ②について述べた次の文の[　　　]にあてはまる語句を答えなさい。　[　　　]

　　　人々の間で[　　　]の開設と憲法の制定を求める運動が広まり，政府は[　　　]を開くことを約束した。これを受け，自由党や立憲改進党がつくられた。

 (3) ③に関連して，右の資料は 1919 年と 1925 年の衆議院議員選挙法の改正による有権者割合の変化をまとめています。有権者割合が大きく変化した理由の 1 つを，有権者の資格の変化の面から答えなさい。

[

法の改正年	選挙実施年における全人口に占める有権者の割合
1919 年	5.5%
1925 年	20.1%

 (4) ④について，右の図は世界恐慌以降の日本の動きを示しており，[X]〜[Z]には次の a 〜 c のいずれかがあてはまります。[Z]にあてはまるものを 1 つ選び，記号で答えなさい。また，[Y]にあてはまるできごとに関係のあるものを，あとの**ア**〜**ウ**から選び，記号で答えなさい。　Z [　　　]　Y [　　　]

　a　二・二六事件がおこる。　　b　国家総動員法が成立する。

　c　五・一五事件がおこる。

　ア このできごとの後，軍部は政治的な発言力をますます強めるようになった。

　イ このできごとの後，終戦まで政党の党首が首相にならず，政党政治はとだえた。

　ウ このできごとにより，政府は国民を強制的に軍需工場に動員できるようになった。

図

```
世界恐慌がおこる
     ↓
     X
     ↓
     Y
     ↓
日中戦争がおこる
     ↓
     Z
```

 日中戦争は長期化し，戦時体制が強化されていった。

サクッ!と入試対策 ❽

解答 p.14　⏱-10- 目標時間 10 分 ［　　］分

1 先生と生徒が江戸時代の農業について，資料Ⅰ・Ⅱを見ながら話している次の文中の
［　　　　　　　］にあてはまる文を，「総石高」「1 ha あたり」「収穫量」という 3 語を用いて答えなさい。　〔愛媛〕

> 先生：資料Ⅰを見ると，1750 年以後は，耕地総
> 　　　面積がほとんど増加していません。
> 生徒：資料Ⅰ・Ⅱを見ると，1750 年以後には，
> 　　　［　　　　　　　　　　　　　］ことがわかります。
> 先生：そのとおりです。農業技術が進歩したので，
> 　　　資料Ⅱのようになったのですね。

資料Ⅰ　日本の耕地総面積

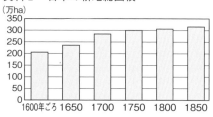

資料Ⅱ　日本の総石高

時期(年ごろ)	1600	1650	1700	1750	1800	1850
総石高(万石)	1973	2313	3063	3414	3765	4116

(日本経済史 1)

2 右の年表を見て，あとの問いに答えなさい。　〔富山一改〕

(1) 年表中のＡより前のできごとについて，次の**ア**
　〜**エ**を年代の古い順に並べ，記号で答えなさい。

　　［　　→　　→　　→　　］

　ア 甲午農民戦争　　**イ** 三国干渉
　ウ 江華島事件　　　**エ** 日英同盟

年代	できごと
1904 年	日露戦争がおこる…………A
1914 年	第一次世界大戦がおこる……B
1931 年	満州事変がおこる…………C
1937 年	日中戦争がおこる…………D
1939 年	第二次世界大戦がおこる……E
1941 年	太平洋戦争がおこる………F

(2) 年表中のＢとＣの間におきた世界のできごとを
　説明した次の文の　　X　　にあてはまるものをあとの**ア**〜**エ**から 2 つ選び，記号で答えなさい。　　　［　　・　　］

> 国際協調と民族自決の考え方が広がった。例えば，　X　もその影響である。

　ア ガンディーの指導による非暴力・不服従運動　　**イ** 日本の条約改正交渉
　ウ アメリカの奴隷解放運動　　　　　　　　　　**エ** ワシントンでの海軍軍縮会議

(3) 日本が国際連盟から脱退するきっかけとなったできごとを年表中のＣ〜Ｆから 1 つ選び，
　記号で答えなさい。　　　　　　　　　　　　　　　　　　　　　　［　　　　］

(4) 年表中のＦの末期には，都市に住む子どもたちが空襲の被害から逃れるために，集団で
　地方に移動しました。これを何といいますか。　　　　　　　　　　［　　　　］

> 間違えやすい 大正デモクラシーも，国際協調と民族自決の風潮によってさらに高まりを見せた。

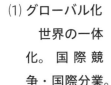

入試重要ポイント TOP3

ロック	モンテスキュー	ルソー
人は抵抗する権利があると説き，独立宣言に影響を与える。	権力濫用防止のため立法・行政・司法の三権分立を説く。	主権は人民にあると説き，フランス革命に影響を与える。

18 公民 現代社会，人権思想の発達

1 現代社会

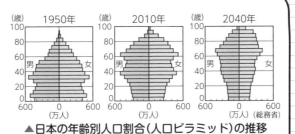

▲日本の年齢別人口割合(人口ピラミッド)の推移

(1) グローバル化
世界の一体化。国際競争・国際分業。
日本の食料自給率の低迷(ていめい)が課題となっている。

(2) 少子高齢化……出生率低下，高齢者の割合増。核家族世帯増加。(かく)(こうれい)

(3) 情報化……情報通信技術の発達。情報リテラシー・情報モラル。
↳ICT

(4) 文化……日本の伝統文化，年中行事など。多文化共生社会。
↳ダイバーシティなど

(5) これからの社会……対立を合意へ。効率・公正の視点。
↳多数決など　↳無駄を省く

2 人権思想の発達

(1) 人権……人が生まれながらにもつ基本的人権。

(2) 芽生え……マグナ・カルタ(英)，権利章典(英)。
↳1215年　↳1689年

思想家	著作	主張
ロック	『統治二論』	抵抗権(ていこう)
モンテスキュー	『法の精神』	三権分立
ルソー	『社会契約論』(けいやく)	人民主権

▲人権思想

(3) 発展……アメリカ独立宣言，フランス人権宣言。
↳1776年　↳1789年フランス革命

(4) 20世紀……ドイツのワイマール憲法(1919年)が初めて社会権を明文化。国際連合が世界人権宣言(1948年)，それを条約化した国際人権規約(1966年)により人権保障に取り組む。

入試得点アップ

現代社会

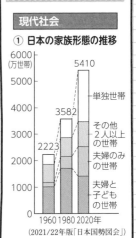

① 日本の家族形態の推移

2223　3582　5410

単独世帯
その他2人以上の世帯
夫婦のみの世帯
夫婦と子どもの世帯

1960 1980 2020年
(2021/22年版「日本国勢図会」)

② 年中行事

1月	初詣(はつもうで)
2月	節分
3月	ひな祭り 彼岸会・春祭(ひがんえ)
4月	花祭り
5月	端午の節句(たんご)
7月	七夕
8月	お盆(7月地域もあり)(ぼん)
9月	彼岸会
10月	秋祭
11月	七五三
12月	大掃除・除夜

サクッと確認

① 地球上で国境を越えて，世界の一体化が進むことを何といいますか。 ── ① グローバル化

② 出生数が減り，高齢者の割合が増えつつあることを何といいますか。 ── ② 少子高齢化

③ 問題の解決の際に重視される，無駄を省くことを何といいますか。(むだ) ── ③ 効率

④ 人が生まれながらにもつ人権のことを，別の言い方で何といいますか。 ── ④ 基本的人権

⑤ モンテスキューは『法の精神』で，何を主張しましたか。 ── ⑤ 三権分立

⑥ ワイマール憲法が定めた，人間らしく生きる権利を何といいますか。 ── ⑥ 社会権

やってみよう！入試問題

解答 p.14

〔 月 日〕

目標時間 10 分

［　　　］分

1 次の問いに答えなさい。

(1) 今日の世界では，交通・通信手段の発達などにより，人，もの(商品)，お金，情報などが国境を越えて大量に移動しています。こうした動きを何というか答えなさい。〔岡山一改〕

［　　　　　　　　　　　　　　　　　］

(2) 日本の年中行事をまとめた表中の，（ a ）〜（ c ）にあてはまるものを，あとの**ア**〜**オ**から1つずつ選び，記号で答えなさい。〔沖縄一改〕

月	年中行事
1 月	正月・（ a ）
3 月	桃の節句・（ b ）
11 月	立冬・（ c ）

a ［　　　］ b ［　　　］ c ［　　　］

ア 節分　**イ** 七五三　**ウ** ひな祭り　**エ** 初詣　**オ** 夏至

(3) 行事の参加料を，県外の人たちは半額にして来場者を増やそうとする提案に対して，「公正」の面で問題がある，という意見があります。「公正」の面での問題点を，資料を参考にして，具体的に答えなさい。〔島根一改〕

［　　］

資料 | 公正の考え方 「不当に不利益を被っている人をなくす」「みんなが同じになるようにする」という考え方 |

2 次の問いに答えなさい。

17，18 世紀，人々の権力者との戦いの際に大きな力となったのが人権思想である。抵抗権を唱えたイギリスの（ a ）らの考えは，アメリカの独立宣言や，フランス革命時に発表された（ X ）で打ち出された。また，三権分立制も（ b ）によって唱えられた。

(1) 文中の（ a ）・（ b ）にあてはまる人物名を，それぞれ答えなさい。〔青森一改〕

a ［　　　　　　　］ b ［　　　　　　　］

(2) 右の資料は，文中の（ X ）にあてはまるものの一部です。この名称を答えなさい。〔静岡一改〕

［　　　　　　　　　　　］

第1条　人は生まれながらにして，
　　　　自由で平等な権利をもつ。
第3条　すべての主権の根源は，国
　　　　民のなかにある。

(3) 資料中の「国民主権」を，『社会契約論』で主張した人物を答えなさい。 ［　　　　　　　　　］

(4) (2)を含む次の**ア**〜**ウ**のことがらを，年代の古い順に並べ，記号で答えなさい。〔岐阜一改〕

［　　　］ → ［　　　］ → ［　　　］

ア ワイマール憲法の制定　**イ** (2)の発表　**ウ** 世界人権宣言の採択

 フランス革命に際し，人民主権・自由・平等などを明らかにした宣言。

19 公民 日本国憲法と人権

入試重要ポイント TOP3

国民主権
政治の決定権(＝主権)が国民にある，ということ。

基本的人権
人間が生まれながらにもつ，人間らしく生きていく権利。

生存権
健康で文化的な最低限度の生活を営む権利。第25条。

1 日本国憲法

日本国憲法		大日本帝国憲法
1946年11月3日公布 1947年5月3日施行	発布・施行など	1889年2月11日発布 1890年11月29日施行
国民主権(三原則)	主権	天皇主権
国と国民統合の象徴	天皇の地位	神聖不可侵・元首
基本的人権の尊重(三原則)	人権	法律で制限
平和主義(三原則・第9条)	軍隊	天皇に統帥権
勤労・納税・教育	義務	納税・兵役・(教育)
国会の発議→国民投票	改正	天皇の発議→帝国議会の議決

▲日本国憲法と大日本帝国憲法の比較

2 基本的人権

(1) **基本的人権**……侵すことのできない永久の権利。平等権・自由権・社会権・人権保障のための権利を日本国憲法で規定。

(2) **平等権**……個人の尊重・法の下の平等(差別の撤廃)。
↳男女雇用機会均等法・男女共同参画社会基本法などの制定

(3) **自由権**……精神の自由・身体の自由・経済活動の自由。

(4) **社会権**……生存権・教育を受ける権利・勤労の権利・労働基本権(労働三権)。
↳選挙権，被選挙権，国民審査権，国民投票権など

(5) **人権保障のための権利**……参政権・請求権。
↳裁判を受ける権利など

(6) **新しい人権**……環境権・自己決定権・知る権利・プライバシーの権利など。
↳自分の生き方などを自由に決定する権利

入試得点アップ

日本国憲法

★ **憲法改正の手続き**

憲法審査会または衆議院議員100人以上の賛成(参議院議員50人以上の賛成)による改正原案

↓

衆(参)議院
総議員の3分の2以上の賛成

↓

参(衆)議院
総議員の3分の2以上の賛成

↓

憲法改正の発議

↓

国民投票
有効投票の過半数の賛成

↓

国民の承認 → 天皇が国民の名において公布

基本的人権

① **公共の福祉**…社会全体の利益。人権を制限する。

② **労働基本権**…団結権・団体交渉権・団体行動権(争議権)。

サクッと確認

① 日本国憲法が公布されたのは，1946年の何月何日ですか。
② 日本国憲法では，天皇は，日本国と日本国民統合の何になりましたか。
③ 日本国憲法の三原則は，国民主権・基本的人権の尊重と何ですか。
④ 憲法改正に必要な賛成の数は，各議院の総議員のどれだけですか。
⑤ 基本的人権が制限されるのは，何による場合ですか。
⑥ 男女の区別なく社会参加を促す法律を，男女共同□□□法といいます。
⑦ 自由権は，身体の自由・経済活動の自由と，もう1つは何ですか。

① 11月3日
② 象　徴
③ 平和主義
④ 3分の2以上
⑤ 公共の福祉
⑥ 参画社会基本
⑦ 精神の自由

やってみよう!入試問題

解答 p.15　⏱-10　目標時間 10 分　　　　分

1 次の問いに答えなさい。

(1) 次の文の□□□に共通してあてはまる語を答えなさい。　　[　　　　] 〔北海道〕

> 日本国憲法は，国民□□□，平和主義，基本的人権の尊重の3つを基本原則としており，憲法の前文で，「□□□が国民に存する」と宣言している。

(2) 〔記述〕日本国憲法では，基本的人権は「侵<おか>すことのできない永久の権利」です。大日本帝国憲<ていこく>法では，人権をどのように規定していましたか。「法律」の語句を用いて答えなさい。

[　　　　　　　　　　　　　　　　　　　　　　　　] 〔福井〕

(3) 下の憲法改正を示した図の□ a □にあてはまる語を，あとのア～エから1つ選びなさい。また，□ b □にあてはまる語を答えなさい。　a [　　　]　b [　　　] 〔茨城〕

ア　3分の1　　イ　2分の1　　ウ　3分の2　　エ　4分の3

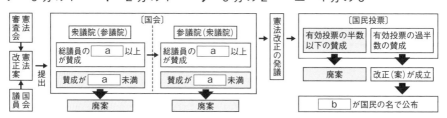

2 次の問いに答えなさい。

(1) 日本国憲法で保障されている基本的人権のうち，自由権，平等権，社会権にあてはまるものを，次のア～ウから1つずつ選び，記号で答えなさい。　　　　〔静岡〕

自由権 [　　　]　平等権 [　　　]　社会権 [　　　]

ア　法律の定めるところにより，能力に応じて，等しく教育を受ける権利。
イ　法の下<もと>で，政治的，経済的または社会的関係において，差別されない。
ウ　公共の福祉<ふくし>に反しない限り，自分の意思で職業を選ぶことができる。

(2) 生存権について，日本国憲法では第25条に「すべて国民は，（ a ）で文化的な（ b ）の生活を営む権利を有する。」と規定しています。（ a ）・（ b ）にあてはまる語を，それぞれ答えなさい。

a [　　　　　　　]　b [　　　　　　　] 〔熊本一改〕

(3) 環境権<かんきょう>などの新しい人権にあたるものを，次のア～エから1つ選び，記号で答えなさい。

[　　　　　　] 〔岐阜一改〕

ア　勤労の権利　　イ　裁判を受ける権利　　ウ　知る権利　　エ　政治に参加する権利

> 〔ココ注意!〕アは「教育を受ける」，イは「法の下…差別されない」，ウは「自分…選ぶことができる」に着目。

公民

20 民主政治，国会・内閣

入試重要ポイント TOP3

一票の格差	衆議院の優越	議院内閣制
議員数と有権者数の不均衡。地方は一票の価値が大きい。	任期が短く解散もあり国民の意思を反映しやすいため。	内閣が国会の信任に基づいて成立し国会に対し責任を負う。

1 民主政治

(1) **民主主義と政治**……<u>議会制民主主義</u>(間接民主制)の政治。

(2) **選挙**……<u>普通選挙</u>・<u>平等選挙</u>・<u>直接選挙</u>・<u>秘密選挙</u>。小選挙区
　　┗年齢のみ条件　┗一人一票　┗直接選ぶ　┗無記名で投票
制や比例代表制での選出。**一票の格差**が問題。与党と野党。
　　　　　　　　　　　　　　　　　　　　　　　よとう

2 国 会

(1) **地位・しくみ**……国権の<u>最高機</u>
関・唯一の<u>立法</u>機関。二院制をと
るが，<u>衆議院の優越</u>が認められる。
　　　　　ゆうえつ

(2) **国会の種類**……常会・臨時会・
　　　　　　　　　┗1月召集
特別会・参議院の緊急集会。
┗衆議院解散総選挙後　　┗衆議院解散中

(3) **仕事**……法律の制定・予算の審
　　　　　　　　　　　　　　　　しん
議と議決・<u>内閣総理大臣</u>の指名・
　ぎ　　　┗国会議員の中から
条約の承認・弾劾裁判所の設置・国政調査権・憲法改正の発議。
だんがい　しょうにん

	衆議院	参議院
議員定数	465 人	248 人※
任期	4 年	6 年
解散	あり	なし
選挙権	18 歳以上	
被選挙権 ひ	25 歳以上	30 歳以上

※参議院の定数はそれまでの 242 人から 2019
年の選挙で 245 人，2022年の選挙で 248 人と
3 人(比例代表 2 人，選挙区 1 人)ずつ増員。

▲衆議院と参議院の比較

3 内 閣

(1) **組織**……**内閣総理大臣**と国務
　　　　　　┗国会議員の中から指名
大臣で構成される。
┗過半数が国会議員

(2) **仕事**……法律の執行・条約の締
　けつ　　　　　　しっこう　　　　　　てい
結・予算の作成と提出など。

(3) **議院内閣制**……内閣が国会に対して連帯責任を負う。

(4) **行政改革**……効率的な行政を目ざす。**規制緩和**など。
　　　　　　　　　　　　　　　　　　　　かんわ

▲議院内閣制

入試得点アップ

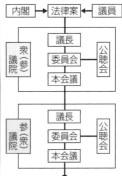

国 会

① **法律の制定順序**

天皇が公布

② **衆議院の優越**…予算
の先議・法律案と予
算の議決・条約の承
認・内閣総理大臣の
指名・内閣不信任の
決議。

③ **臨時会**…内閣が必要
としたとき，または，
いずれかの議院の総
議員の 4 分の 1 以上
の要求があった場合。

④ **選挙区**
・**衆議院**…小選挙区
289人・比例代表
176人。
・**参議院**…選挙区
148人・比例代表
100人。

サクッと確認

① 年齢のみが制限される，財産や地位などで区別しない選挙は何ですか。
　ねんれい

② 衆議院議員の被選挙権は満何歳以上ですか。

③ 参議院議員の任期は何年ですか。

④ 1 月に召集され，会期 150 日間で予算審議が中心の国会は何ですか。
　　　　しょうしゅう

⑤ 国会が設置する，裁判官を裁く裁判所を何といいますか。

① <u>普通選挙</u>

② <u>25 歳以上</u>

③ <u>6 年</u>

④ <u>常 会</u>

⑤ <u>弾劾裁判所</u>

やってみよう!入試問題

解答 p.15　目標時間 10 分　[　　] 分

[　　月　　日]

1 国会について，次の問いに答えなさい。

(1) 次の文の（ X ），（ Y ）にあてはまる語をそれぞれ答えなさい。　〔静岡〕

X [　　　　　]　Y [　　　　　]

> 国会は，国権の（ X ）機関であって，国の唯一の（ Y ）機関である。

(2) 参議院議員の被選挙権は，満何歳以上の国民に与えられているか答えなさい。　〔栃木〕

満 [　　　　] 歳以上

(3) 法律が公布されるまでの過程を示した図中の，A〜C
にあてはまる語を，あとのア〜オから1つずつ選び，
記号で答えなさい。　〔青森一改〕

A [　　　　]　B [　　　　]　C [　　　　]

ア　閣　議　　イ　本会議　　ウ　臨時会

エ　内　閣　　オ　委員会

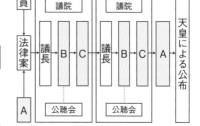

(4) 国会において，内閣総理大臣の指名や予算の議決など
で，衆議院の優越が認められています。その理由を，任期と解散に着目して答えなさい。

〔山形〕

[　　　　　　　　　　　　　　　　　　　　　　　　]

2 内閣について，次の問いに答えなさい。

(1) 内閣について述べた次の文中の，a・bから適切なものを1つずつ選び，記号で答えな
さい。　a [　　　] b [　　　]　〔大阪〕

> ・内閣総理大臣は，a〈ア　国会　　イ　衆議院　　ウ　参議院〉議員の中から国会の議決
> で，これを指名する。
> ・内閣総理大臣は，国務大臣を任命する。ただし，そのb〈エ　3分の1以上　　オ　過半
> 数　　カ　3分の2以上〉は，国会議員の中から選ばれなければならない。

(2) 内閣の仕事を次のア〜エから2つ選び，記号で答えなさい。　〔和歌山一改〕

[　　　・　　　]

ア　憲法改正の発議を行う。　　イ　天皇の国事行為へ助言と承認を行う。
ウ　裁判官の弾劾裁判を行う。　　エ　最高裁判所長官の指名を行う。

 国会は，少人数で審議，議決（予算案のときは必ず公聴会を開催）後に，全議員での議決を行う。

21 公民

裁判所・三権分立, 地方自治

入試重要ポイント TOP3

三審制	国民審査	違憲審査権
慎重・公正な裁判で基本的人権を守るための制度。	国民が最高裁判所裁判官の適否を審査するしくみ。	裁判所がもつ。法律などが憲法違反でないかを審査する。

1 裁判所

(1) **司法権**……最高裁判所と下級裁判所がもつ。司法権の独立。

(2) **裁判の種類**……民事裁判（原告と被告），刑事裁判（検察官と被告人）。
　↗私人間の争い
　↳法律違反の争い

(3) **司法制度改革**……裁判員制度の導入や法テラスの設置。
　↳日本司法支援センター

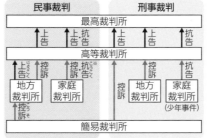

| 民事裁判 | 刑事裁判 |

最高裁判所
上告 上告 抗告 / 上告 上告 抗告
高等裁判所
上告 控訴 控訴 抗告 / 控訴 抗告
地方裁判所　家庭裁判所 / 地方裁判所　家庭裁判所（少年事件）
控訴
簡易裁判所

※「判決」ではなく「決定・命令」に不服がある場合の訴え。

▲三審制のしくみ

2 三権分立

(1) **三権分立**……国の権力が1つの機関に集中することを防ぎ，均衡を保つ。

(2) **国民審査**……最高裁判所裁判官のみが対象。

(3) **最高裁判所**……もっとも上位に位置する裁判所。「憲法の番人」。

国 会（立法権）
内閣
衆議院の解散・国会召集の決定
内閣総理大臣の指名・内閣不信任の決議
選挙
国民
世論
国民審査
裁判官の弾劾裁判
違憲審査
最高裁長官の指名・裁判官の任命
内閣（行政権）
裁判所（司法権）
命令・処分の違憲・違法審査・行政訴訟の終審裁判

▲三権の抑制と均衡

3 地方自治

(1) **しくみと仕事**……地方自治法で規定。「**民主主義の学校**」と呼ばれる。首長と地方議会。条例の制定，ごみ収集など。

(2) **直接請求権**……住民の直接民主制を導入。
　↳その地方公共団体のみに適用する決まり

(3) **地方財政**……地方税，地方交付税交付金，国庫支出金，地方債。
　↗使途自由，財政の不均衡是正　↗使途決定

入試得点アップ

裁判所

① **起訴**…検察官が犯罪の疑いのある被疑者を，被告人として裁判所に訴えること。

② **控訴と上告**…第一審の判決に不服で上訴することが控訴。第二審の判決に不服で上訴することが上告。

③ **裁判員制度**…国民が裁判員として裁判官と審理し判決を下す。

④ **えん罪**…無実の被告人に刑罰を科すこと。

地方自治

★ 直接請求権

請求の種類	条例の制定・改廃	監査	議会の解散	首長・議員の解職
必要な署名数	有権者の 1/50 以上	有権者の 1/50 以上	有権者の 1/3 以上※	有権者の 1/3 以上※
請求相手先	首長	監査委員	選挙管理委員会	選挙管理委員会

※有権者数が40万人を超える場合は，必要署名数が緩和される。

サクッと確認

① 裁判所や裁判官が，公正中立であることを□□□の独立といいます。　① 司法権

② 検察官が訴えた刑事裁判で，訴えられた人を何といいますか。　② 被告人

③ 国民が，最高裁判所の裁判官を審査するしくみを何といいますか。　③ 国民審査

④ 法律が憲法違反かどうかを裁判所が審査することを何といいますか。　④ 違憲審査

⑤ 地方公共団体が定めた，そこでのみ適用される決まりは何ですか。　⑤ 条 例

やってみよう!入試問題

解答 p.16

⏱️10 目標時間 10 分

　　　分

1 裁判所について，次の問いに答えなさい。

(1) 右の図は，裁判員制度での法廷(ほうてい)のようすです。図中の □ X □ は罪を犯した疑いのある者(被疑者(ひぎしゃ))を被告人として裁判所に訴(うった)えます。□ X □ にあてはまる語を答えなさい。また，この裁判をあとの**ア～エ**から1つ選びなさい。〔埼玉〕

X [　　　　　　　　] 記号 [　　　　　　　]

ア 民事裁判の第一審(いっしん)　　**イ** 民事裁判の第二審
ウ 刑事(けいじ)裁判の第一審　　**エ** 刑事裁判の第二審

(2) 第一審に不服であれば上級の裁判所に控訴(こうそ)し，第二審に不服であれば，さらに上告することができる制度を何というか答えなさい。[　　　　　　　　] 〔長崎〕

(3) (2)の制度の目的について，次の文中の〔　　　　〕に入る適切な内容を答えなさい。〔青森一改〕

[　　　　　　　　　　　　　　　]

> 裁判を慎重(しんちょう)に行い，被告人の〔　　　　　　〕ため。

2 国会・内閣・裁判所の関係を示した右の図中の，a～cにあてはまる語を，あとの**ア～オ**から1つずつ選びなさい。〔沖縄一改〕

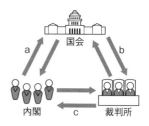

a [　　　　　　] b [　　　　　　] c [　　　　　　]

ア 違憲審査権(いけん)　　**イ** 国政調査権　　**ウ** 衆議院の解散
エ 弾劾(だんがい)裁判　　**オ** 最高裁判所長官の任命

3 地方自治について，次の問いに答えなさい。

(1) 首長や議員の解職請求(せいきゅう)の別名を答えなさい。[　　　　　　　] 〔愛知一改〕

(2) 地方自治においては，住民に，首長や議員の解職や議会の解散などを求めることができる権利が保障されています。この権利の名称(めいしょう)を答えなさい。〔新潟〕

[　　　　　　　　　　　　]

(3) (2)に関して，表中の（　a　），（　b　）にあてはまる語を，それぞれ答えなさい。〔福岡一改〕

a [　　　　　　] b [　　　　　　]

種類	必要な署名数	請求先
（　a　）の制定，改廃(かいはい)	有権者の50分の1以上	首長
議会の解散	有権者の3分の1以上	（　b　）

> （　a　）は地方公共団体が定める決まり，（　b　）は選挙を監視(かんし)する組織の名称があてはまる。

22 公民

経済のしくみとはたらき

入試重要ポイント TOP3

家　計	公共料金	金融政策
消費活動を行う単位。企業や政府と経済の三主体の1つ。	電気やガスなど国民生活に大きな影響を与える料金。	日本銀行(日銀)が景気調整のために行う政策。

1 消費・生産

(1) 消費生活……<u>家計</u>における，財とサービスへの支払い(消費支出)。
　↳財は形のあるもの，サービスは形のないもの

(2) 流通……商品の流れ。卸売業や小売業。

(3) 企業……私企業と公企業。
　　↳利潤目的　↳公共目的

(4) 株式会社……株式の発行で得られた資金を元に設立。<u>株主</u>は<u>配当</u>を受け取り，<u>株主総会</u>へ出席。
　　↳出資者。有限責任

(5) 労働……勤労所得を得る。男女雇用機会均等法。終身雇用や年功序列から能力主義へ。非正規労働者・外国人労働者の増加。

(6) 価格……<u>需要量</u>と<u>供給量</u>がつり合う<u>均衡価格</u>。公共料金。

(7) 法律……企業の独占や寡占による消費者の不利益を防ぐため，
　　↳高価格の商品を買わされるなど
独占禁止法が制定され，公正取引委員会が運用する。

価格

需要曲線　　供給曲線

高い　　価格は下がる

均衡価格

P円

安い　　価格は上がる

0　少ない　　　　多い　数量

▲ 需要・供給曲線

2 金融

(1) 金融……資金の融通。直接
　↳出資者から借りる
金融と間接金融。
　↳銀行を通して借りる

(2) 日本銀行と金融政策……中
　　　　　↳政府の資金の出し入れ
央銀行。発券銀行，政府の銀
　↳日本銀行券(紙幣)を発行
行，銀行の銀行。好景気時の
　　↳銀行と資金のやり取り
<u>インフレーション</u>や不景気
　　↳物価上昇
時の<u>デフレーション</u>の対策。
　　↳物価下落

景気が悪いとき	景気が良いとき
国債を買う　日本銀行　国債を売る	

公開市場
(国債や手形の売買)

国債　　国債

| 資金量が増える　銀行　資金量が減る | |

| 貸し出しが増える | 貸し出しが減る |

▲日本銀行の金融政策(公開市場操作)

入試得点アップ

消費・生産

① **消費者保護**
・**クーリング-オフ制度**…訪問販売などの契約解除。
・**製造物責任法(PL法)**…欠陥商品での被害救済。

② **労働者保護**
・**労働三権**…団結権・団体交渉権・団体行動権(争議権)。
・**労働三法**…労働組合法(労働組合結成)・労働基準法(1日8時間以内の労働)・労働関係調整法(労働争議の解決)。

金融

★ **景気変動**

好景気	景気後退	不景気	景気回復

増加　　生産
　　　　売り上げ

減少　　失業
　　　　倒産

サクッと確認

① 株式の発行で得た資金を元に設立された会社を何といいますか。 ── ① <u>株式会社</u>

② 電気代やバス運賃など，国民生活に影響する料金を何といいますか。 ── ② <u>公共料金</u>

③ 欠陥商品による被害救済のためのPL法は，何の略称ですか。 ── ③ <u>製造物責任法</u>

④ 1日8時間以内の労働や，男女同一賃金を定めている法律は何ですか。 ── ④ <u>労働基準法</u>

⑤ 企業の独占による弊害を防ぐために定められた法律は何ですか。 ── ⑤ <u>独占禁止法</u>

⑥ 日本銀行は，銀行と資金のやり取りをすることから何と呼ばれますか。 ── ⑥ <u>銀行の銀行</u>

⑦ 日本銀行が，景気調整のために行う政策を何といいますか。 ── ⑦ <u>金融政策</u>

1

経済について，次の問いに答えなさい。

(1) 欠陥商品によって消費者が被害を受けたときに，生産者に被害の救済を義務づけた，1995年に施行された法律を何というか答えなさい。　　[　　　　　　　　]〔三重〕

(2) 株式会社について，次の文中の（　X　），（　Y　）にあてはまる語を，それぞれ答えなさい。　　X[　　　　　　]　Y[　　　　　　]〔富山〕

> 　株式を購入した人は，会社の利潤の一部を（　X　）として受け取ることができる。また，会社の経営方針などを決める（　Y　）に出席して意見を述べることができる。

(3) 市場を支配する少数の企業が価格や生産量を決めた場合，消費者にはどのような不利益があると考えられますか。「価格」の語句を用いて答えなさい。　　〔青森一改〕

[　　　　　　　　　　　　　　　　　　　　　　　　　　　　　　　]

(4) 右の図中の曲線Uと価格Vを表す語句の組み合わせとして正しいものを次から1つ選び，記号で答えなさい。　　[　　　　　]〔福島〕

　ア　U―供給曲線　V―独占価格　**イ**　U―需要曲線　V―独占価格
　ウ　U―供給曲線　V―均衡価格　**エ**　U―需要曲線　V―均衡価格

価格と需要量・供給量の関係

2

日本銀行について，次の問いに答えなさい。

(1) 次の文中の（　　　）にあてはまる語を，あとの**ア〜エ**から1つ選び，記号で答えなさい。　　[　　　　　]〔宮崎〕

> 　日本銀行は，中央銀行として紙幣を発行する（　　　）の役割を果たしている。

　ア　政府の銀行　　**イ**　銀行の銀行　　**ウ**　発券銀行　　**エ**　都市銀行

(2) 右の文は，図中の金融政策について述べた文です。文中の［　A　］にあてはまる語を漢字4字で，また，図中の［　B　］〜［　E　］のうち，［　B　］と［　C　］にあてはまる語を，あとの**ア〜エ**から1つずつ選び，記号で答えなさい。　　〔千葉一改〕

　A[　　　　　　]　B[　　　　　]
　C[　　　　　]

　ア　良い　**イ**　悪い　**ウ**　売る　**エ**　買う

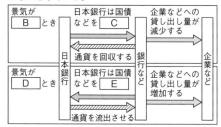

日本銀行は，下の図で示したように，国債などの売買によって銀行などの資金量を増減させ，企業などへの貸し出し量を調整する［　A　］操作という方法をおもにとっている。

> **不景気のときは人や企業のもつ資金量が減るので，日本銀行は，資金量を増やそうとする。**

23 公民

国民生活と福祉

入試重要ポイント TOP3

国債	累進課税制度	直接税
歳入不足時に発行する。得た公債金の返済費用が国債費。	所得が増えるほど税率が高くなる制度。	納税者と担税者が同じ税。異なるのが間接税。

1 財政・福祉

(1) 財政……国や地方公共団体の経済活動。収入(歳入)と支出(歳出)。国債増加。所得税は累進課税制度。

(2) 財政政策……景気調整政策。好況時には増税と公共投資の減額, 不況時には減税と公共投資の増額。
└道路など社会資本建設への投資

(3) 社会保障制度……憲法第25条に基づく。医療保険・介護保険
  └生存権　　　　　　　　　　　　　　　　40歳以上┘
など掛け金を積み立てる社会保険, 生活困窮者を救う公的扶助,
　　社会保障制度の中心┘
社会的弱者を救う社会福祉, 環境衛生を行う公衆衛生。

		直接税	間接税
国税		所得税 法人税 相続税	消費税 揮発油税 酒税 関税
地方税	(都)道府県税	(都)道府県民税, 自動車税, 事業税など	地方消費税など
	市(区)町村税	市(区)町村民税, 固定資産税など	市(区)町村たばこ税など

▲税金の種類

2 日本経済の課題

(1) 公害……四大公害病の発生→公害対策基本法→環境基本法。循環型社会の形成へ。3R。
　　　　　　　　　　　　　　じゅんかん
リデュース, リユース, リサイクル┘

(2) グローバル化……貿易, 為替相場の影響大。円
　　かわせ　　えいきょう
└為替レートともいう
の価値が上がる円高, 円の価値が下がる円安などで輸出入増減。

	1ドル=80円	1ドル=100円	1ドル=120円
	円高←　　　　　　　　　　→円安		
日本の輸出	車100万円=12500ドル 不利	車100万円=10000ドル	車100万円=8333ドル 有利
日本の輸入	石油100ドル=8000円 有利	石油100ドル=10000円	石油100ドル=12000円 不利

▲円高・円安の輸出入への影響

入試得点アップ

財政・福祉

★ 国家財政

国の歳入 106.6兆円	国の歳出 106.6兆円
その他 14.1	その他 13.4
公債金 40.9	5.0 / 5.1 / 5.7 / 15.0
消費税 19.0	国債費 22.3
法人税 8.4	社会保障関係費 33.6%
所得税 17.5%	

防衛関係費
公文教及び科学関係費
地方交付税交付金等

(2021年度) (財務省)
※合計が100%になるように調整していない。

日本経済の課題

★ 四大公害病
　みなまた
・水俣病…熊本県, 鹿児島県。メチル水銀が原因。

・イタイイタイ病
富山県。カドミウムが原因。
　よっかいち
・四日市ぜんそく
三重県。亜硫酸
　ありゅうさん
ガスが原因。

・新潟水俣病…新潟県。メチル水銀が原因。

サクッと確認

① 国や地方公共団体の経済活動を何といいますか。

② 累進課税となっている, 個人の所得にかかる税金を何といいますか。

③ 消費税など, 納税者と担税者が異なる税金を何といいますか。

④ 政府が税金や公共投資により, 景気を調整する政策を何といいますか。

⑤ 現在, くらしに困る生活困窮者を救う社会保障制度を何といいますか。

⑥ 公害対策基本法を改正して定められた法律は何ですか。

⑦ 円高のとき, 日本の輸出は有利, 不利のどちらになりますか。

① 財政
② 所得税
③ 間接税
④ 財政政策
⑤ 公的扶助
⑥ 環境基本法
⑦ 不利

1 次の問いに答えなさい。

(1) 国の 2021 年度の当初予算の歳入の内訳を示したグラフを見て,問いに答えなさい。〔埼玉〕

① グラフに示した内訳の中で,間接税にあたるものを,次から選びなさい。

[　　　　　]

総額 106兆6097億円	所得税 17.5%	法人税 8.4	消費税 19.0	公債金 40.9	その他 14.1

※合計が100%になるように調整していない。　　　（財務省）

ア 所得税　　イ 法人税　　ウ 消費税　　エ 公債金

② グラフ中の所得税は,累進課税の方法がとられています。この課税方法の特徴を答えなさい。[　　　　　　　　　　　]

(2) 国の歳出について,次の文中と右の図の ┃ X ┃, ┃ Y ┃ にあてはまる語を,1つずつ選びなさい。　X [　　　　]　Y [　　　　]〔大阪一改〕

> 2021 年度の歳出の内訳でもっとも額が多いのは ┃ X ┃ で,2005 年度以降,もっとも多い。2 番目に額が多いのは ┃ Y ┃ で,2005 年度以降,2 番となっている。

2021年度一般会計予算の歳出の内訳

33.6%　22.3　14.6　29.5

凡例: ┃ X ┃　┃ Y ┃　地方交付税交付金　その他

(2021/22年版「日本国勢図会」)

ア 国債費　　イ 社会保障関係費　　ウ 防衛関係費　　エ 公共事業関係費

(3) 財政政策について,次の文中の(a),(b)にあてはまる語を,あとのア〜エから1つずつ選び,記号で答えなさい。　a [　　　　]　b [　　　　]〔千葉一改〕

> 景気が悪いとき政府は(a)を行ったり,公共投資を(b)させたりする。

ア 増 税　　イ 減 税　　ウ 増 加　　エ 減 少

2 次の問いに答えなさい。

(1) 右の環境ラベルに示されている活動は,どのような社会の実現につながりますか。次から 1 つ選び,記号で答えなさい。

[　　　　]〔秋田一改〕

ア 共生社会　　イ 情報社会　　ウ 循環型社会　　エ 少子高齢社会

(2) 次の文中の(s),(t)にあてはまる語を,あとのア〜エから1つずつ選び,記号で答えなさい。　s [　　　　]　t [　　　　]〔佐賀一改〕

> 為替相場において,(s)になるとは,例えば 1 ドル＝ 100 円が 1 ドル＝ 120 円になることをいう。1 ドル＝ 120 円のときに 5 万ドルの商品を買うと,1 ドル＝ 100 円のときに比べて 100 万円分(t)支払うことになる。

ア 円 高　　イ 円 安　　ウ 多 く　　エ 少 な く

> 1 ドルを購入するのに,100 円を払っていた段階から,120 円を払うようになったと考える。

24 公民　国際社会と世界平和

入試重要ポイント TOP3

排他的経済水域	温室効果ガス	政府開発援助
200海里までの水域。資源の権利は沿岸国がもつ。	地球温暖化に影響を与える二酸化炭素など。	ODA。発展途上国へ，技術援助，資金援助を行う。

1 国際社会と平和

(1) 国家……国民，主権，領域（領土・領海・領空）で成立。**排他的経済水域**の設定。国際法（条約・国際慣習法）に従う。
└12海里

(2) **国際連合**
└193か国加盟
　総会や**安全保障理事会**が中心。

安全保障理事会 ── 平和維持活動（PKO）など

国際司法裁判所

経済社会理事会 ── 世界保健機関（WHO）国際労働機関（ILO）国際通貨基金（IMF）国連教育科学文化機関（UNESCO）など

事務局　　総会

信託統治理事会（活動停止中）

国際原子力機関（IAEA）世界貿易機関（WTO）

国連児童基金（UNICEF）国連貿易開発会議（UNCTAD）国連環境計画（UNEP）など

▲国際連合のおもなしくみ

(3) **地域主義**
　地域間の結びつき。

(4) 経済格差……発展途上国と先進工業国。**南北問題，南南問題**など。
└発展途上国間　　先進国┘　　└先進国と発展途上国間

2 国際問題

(1) 地球環境問題……地球温暖化，砂漠化，酸性雨，オゾン層の破壊。地球温暖化防止京都会議で，**温室効果ガス**の削減を目ざす**京都議定書**を採択→**パリ協定**（2015年採択）へ発展。
└フロンガスが原因　　└すべての参加国に削減目標の提出を義務づけ
└最大の排出国の中国やインドには削減義務がなく，アメリカは離脱

(2) 新しい戦争……地域紛争→難民の発生。
└国連難民高等弁務官事務所（UNHCR）が保護と支援

(3) 核兵器……核拡散防止条約，核兵器禁止条約など。日本は**非核三原則**（「もたず，つくらず，もち込ませず」）を掲げる。
└NPT

(4) 日本の国際貢献……**政府開発援助**（ODA）や**NGO**の活躍。
└非政府組織

国際社会と平和

① **安全保障理事会**…アメリカ・イギリス・フランス・中国・ロシアの5**常任理事国**と10非常任理事国で構成。常任理事国は，1国でも反対すると決議できない**拒否権**をもつ。

② **地域主義**…ＥＵ（ヨーロッパ連合），ＡＳＥＡＮ（東南アジア諸国連合），ＡＰＥＣ（アジア太平洋経済協力会議），ＴＰＰ11（環太平洋経済連携協定）など。

国際問題

① **フェアトレード**…公正貿易。発展途上国の農産物や製品を適正な価格で取引する。

② **ＳＤＧｓ（持続可能な開発目標）**…持続可能な社会を実現するために，2030年までの達成を目ざした17の目標。

サクッと確認

① 主権国家に必要なものは，国民，領域ともう1つは何ですか。　① 主　権

② 国際連合の安全保障理事会の常任理事国がもつ特権は何ですか。　② 拒否権

③ 国連児童基金の略称はアルファベットで何といいますか。　③ ＵＮＩＣＥＦ

④ 国際連合が行う平和維持活動をアルファベットで何といいますか。　④ ＰＫＯ

⑤ 二酸化炭素などの，地球温暖化の原因となる気体を何といいますか。　⑤ 温室効果ガス

⑥ 地域紛争などで，住む国や地域を追い出された人々を何といいますか。　⑥ 難　民

⑦ 政府開発援助の略称をアルファベットで何といいますか。　⑦ ＯＤＡ

やってみよう!入試問題　解答p.17

目標時間10分　　分

1 次の問いに答えなさい。

(1) 図中のAは，常任理事国と非常任理事国から構成され，平和維持に関する決定を行います。この機関名を答えなさい。〔徳島〕

[　　　　　　　　　　　　　　　　]

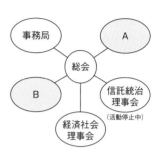

事務局　A　総会　信託統治理事会（活動停止中）　B　経済社会理事会

(2) 図中のAで提案されたシリアに関する決議案は否決されました。下の資料を参考にして，この決議案が否決された理由を，常任理事国のもつ権限とそれを行使した国名をあげて，答えなさい。〔沖縄一改〕

[
]

資料

```
賛成11票―アメリカ・イギリス・フランス・アゼルバイジャン・インド・グアテマ
　　　　　ラ・コロンビア・トーゴ・ドイツ・ポルトガル・モロッコ
反対2票―ロシア・中国
棄権2票―パキスタン・南アフリカ共和国
```

(3) 図中のBは，オランダのハーグにあり，国際法に従い，国家間の紛争解決を目ざす機関です。この機関名を答えなさい。[　　　　　　　　　]〔島根一改〕

(4) 国連の専門機関のうち，教育・科学および文化を通じて世界の平和と安全を図ることを目的とする機関を，次から1つ選び，記号で答えなさい。[　　　　　]〔山口一改〕

　ア　UNICEF　　イ　UNESCO　　ウ　PKO　　エ　ODA

(5) 北半球に多い先進国と，南半球に多い発展途上国間の経済格差の問題を何というか答えなさい。[　　　　　　　　]〔沖縄〕

2 次の問いに答えなさい。

(1) よりよい社会を目ざした現在の世界の動きについて述べた文として最も適当なものを，次から1つ選び，記号で答えなさい。[　　　　　]〔北海道一改〕

　ア　核拡散防止条約に国際連合加盟国のすべてが加わり，核兵器が全廃された。

　イ　軍事力によって国家間の平和を維持する「人間の安全保障」の考え方が生まれた。

　ウ　子どもの権利保障のため，国際連合において子ども（児童）の権利条約が採択された。

　エ　非政府組織の活動により，冷戦終結後，世界中の地域紛争はすべて解決した。

(2) 難民とはどのような人々のことか，「紛争」の語句を用いて簡潔に答えなさい。

[
]〔和歌山一改〕

 常任理事国は5か国であり，拒否権という権限をもっている。

サクッ！と入試対策 ❾

解答 p.18

目標時間 10 分

分

1 右の調べ学習の目次を見て，次の問いに答えなさい。

(1) 下線部 a について，下の（ X ），（ Y ）にあてはまる語を答えなさい。　〔福島一改〕

X [　　　　　　　　]　Y [　　　　　　　　]

> 三原則—（ X ）・平和主義・基本的人権の尊重。
> 第13条—すべて国民は，（ Y ）として尊重される。

目次
1 a 日本国憲法と b 基本的人権
2 三権—c 国会・内閣・d 裁判所
3 私の町の e 予算について
4 f 地方自治のしくみ
5 g 選挙のはなし

(2) 下線部 b について，自由権にあてはまるものを，次から1つ選び，記号で答えなさい。
[　　　]〔香川〕

ア 健康で文化的な最低限度の生活を営むこと。　　**イ** 職業を選択すること。
ウ 国に損害賠償を請求すること。　　**エ** 子どもに普通教育を受けさせること。

(3) 下線部 c について，衆議院で内閣不信任案が可決された場合について，次の文中の（　　）にあてはまるように，25字以内で答えなさい。　〔千葉〕

[　　　　　　　　　　　　　　　　　　　　　　　　]

> 内閣は，衆議院で不信任の決議案を可決したときは，（　　　）しなければならない。

(4) 下線部 d について，裁判官が辞めさせられるのは，国会による（　　　）や国民審査の場合がある。（　　　）にあてはまる語を答えなさい。[　　　　]〔熊本一改〕

(5) 下線部 e について，地方公共団体の収入には，国から特定の仕事を行うためのものとしてA〈**ア** 国庫支出金　**イ** 地方交付税交付金〉が，また，収入の不足分を補うための借入金の（ B ）がある。Aから適切なものを1つ選び，記号で答えなさい。また，（ B ）にあてはまる語を答えなさい。A [　　　]　B [　　　　]〔熊本一改〕

(6) 下線部 f についての説明として正しいものを，次から2つ選び，記号で答えなさい。
[　　・　　]〔熊本一改〕

ア 地域住民の意見を明らかにする住民投票は，日本ではまだ実施されていない。
イ 地方議会は首長の不信任決議を，首長は議会の解散をすることができる。
ウ 住民には，条例の制定や改廃，首長や議員の解職を求める直接請求権がある。
エ 地方分権を実現するため，地方の仕事や財源の多くが国へ移されている。

(7) 下線部 g について，①選挙権が与えられる年齢は満何歳以上ですか。また，②一定の年齢に達した国民に選挙権がある選挙を何といいますか。〔熊本一改〕

①満 [　　　　] 歳以上　②[　　　　　]

 地方交付税交付金（地方交付税）は，地方公共団体間の財政格差を是正するためのものである。

サクッ！と入試対策 ⑩

解答 p.18

目標時間 10 分

　　　　　分

1 次の問いに答えなさい。
〔山口一改〕

(1) 資料Ⅰの求人広告が，労働基準法の原則と同じである場合，（　　）にあてはまる適切な数字を答えなさい。　[　　　　　]

(2) 資料Ⅱの下線部の国々が，東南アジアの経済などの分野で協力するために設置している組織を，次から1つ選び，記号で答えなさい。[　　　]
ア　APEC　　イ　ASEAN　　ウ　OPEC　　エ　USMCA

資料Ⅰ

勤務日
月曜から金曜
勤務時間
8：30 ～ 17：30
休憩（　）時間

資料Ⅱ

フィリピン産
バナナ（1袋）
198 円
タイ産
エビ（1尾）
150 円

(3) 資料Ⅱの商品を輸入する際に課せられる関税は，①〈ア　国　税　　イ　地方税〉であり，②〈ウ　直接税　　エ　間接税〉である。①，②から1つずつ選び，それぞれ記号で答えなさい。　　　　　①[　　　　]　②[　　　　]

(4) 右の表は，あるホテルの宿泊料金です。曜日によって料金が異なる理由を，あとの文の書き出しに続くように，簡単に答えなさい。

おとな1人の宿泊料金（1泊2食）		
曜日	月・火・水・木	日・金	土
料金	6980 円	7980 円	11980 円

[　　　　　　　　　　　　　　　　　　　　　　　　　　　　]

ホテルの部屋の数（供給量）は一定であるのに対し，〔　　　　　　　〕

2 右のテーマを見て，次の問いに答えなさい。
〔新潟一改〕

(1) Aについて述べた次の文中の，（　X　），（　Y　）にあてはまる語を，あとのア～エから1つずつ選び，記号で答えなさい。
X[　　　　　]　Y[　　　　　]

テーマ
A　市場の働きと経済
B　国民生活と政府
C　職場での男女平等
D　国際連合の役割

政府は好況のときに，公共事業への歳出を（　X　）たり，（　Y　）をしたりする。

ア　増やし　　イ　減らし　　ウ　増　税　　エ　減　税

(2) Bについて，日本の社会保障制度のうち，生活保護により，現在の生活に困っている人々を救済しようとする制度を何というか答えなさい。　[　　　　　　　　　　]

(3) Cについて，これを目ざすために日本で1985年に制定され，翌年施行された法律を何というか答えなさい。　[　　　　　　　　　　]

(4) Dについて，難民の保護などに取り組む組織を，次から1つ選びなさい。[　　　]
ア　UNICEF　　イ　UNHCR　　ウ　UNCTAD　　エ　UNESCO

「雇用」の場面における法律である。「社会」参加の法律と混同しないように注意。

重要数字	解説
過半数	・憲法改正の国民投票は有効投票数の過半数の賛成で，改正案が成立する。 ・地方自治での議会の解散やリコールは，住民投票で有効投票数の過半数の賛成が必要。
3分の1	・衆議院，参議院の本会議開催には，総議員の3分の1以上の出席が必要。 ・地方自治での議会の解散やリコールの請求には，有権者の3分の1以上の署名が必要。
3分の2	・憲法改正は衆議院，参議院の各議院で，総議員の3分の2以上の賛成で発議が可能。 ・参議院で否決された法律案は，衆議院で出席議員の3分の2以上の再可決で成立。
4分の1	・臨時会の召集には衆議院，参議院のいずれかの議院の総議員の4分の1以上の要求が必要。
50分の1	・地方自治の直接請求で条例の制定や改廃の請求，監査の請求には，有権者の50分の1以上の署名が必要。
4	・衆議院議員，首長，地方議会議員らの任期は4年。
6	・参議院議員の任期は6年。
8	・クーリング-オフができる原則日数。訪問販売で商品を購入したときは，その日から8日以内なら契約の解除ができる。
9	・日本国憲法第9条では，平和主義，戦争の放棄，戦力および交戦権の否認を規定している。
10	・衆議院の内閣不信任案可決時は，10日以内に衆議院解散か内閣総辞職。 ・内閣総理大臣の指名を参議院が10日以内に議決しないときは，衆議院の議決が優越する。
14	・日本国憲法第14条ではすべての国民が法の下で平等であり，人種，信条，性別，門地その他で差別されることはないと，規定している。
18	・すべての公務員選挙の選挙権年齢と，憲法改正の国民投票ができる年齢は満18歳以上。 ・成年年齢が2022年4月1日より満18歳に引き下げ。
25	・衆議院議員，市(区)町村長，地方議会議員の被選挙権年齢は満25歳以上。 ・日本国憲法第25条では，生存権，国の社会的使命を規定している。
30	・参議院議員，都道府県知事の被選挙権年齢は満30歳以上。　・総選挙から特別会までの日数と，予算の議決・条約の承認を参議院が採決できる日数は30日以内。
40	・衆議院解散から総選挙までの日数は40日以内。 ・介護保険に加入しなければならない被保険者年齢は満40歳以上。
60	・法律案を参議院が採決できる日数は60日以内。60日以内に採決しない場合は，衆議院の再可決により法律が成立。

高校入試模擬テスト ❶

解答 p.19 〜 20　40分　70点で合格!　　点

1

世界の地域や国々について，次の問いに答えなさい。(24点)

略地図

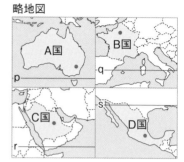

(1) 略地図中の p 〜 s の緯線(いせん)から，日本の東北地方を通るものを 1 つ選び，記号で答えなさい。(3点)

(2) 下の資料Ⅰのア〜エは，A〜D国のいずれかの首都の標高や気温などについてまとめたものです。A国にあたるものを 1 つ選び，記号で答えなさい(略地図中の・は首都の位置)。(3点)

(3) B国が属する州について述べた文として適切なものを次から 1 つ選び，記号で答えなさい。(3点)

ア 6 つの州の中でもっとも人口が多い。

イ 地球上で，日本のほぼ正反対の位置にある。

ウ 世界に先がけて近代工業が発展した。

エ インド洋と大西洋に面している。

資料Ⅰ

	首都の標高 (m)	首都の 1 月の平均気温(℃)	日本への輸出額(億円)	小麦生産量 (千t)*
ア	635	14.6	19696	534
イ	66	4.6	9867	40605
ウ	2309	14.4	5808	3244
エ	575	21.4	38211	17598

(2020 年。＊は 2019 年)
(2021/22 年版「世界国勢図会」など)

(4) C国では，大きなスプリンクラーを用いた農業が行われています。この理由を，C国の気候をふまえて，「農地」の語句を用いて簡単に答えなさい。(6点)

(5) D国に関連して，次の問いに答えなさい。

① アメリカ合衆国では，D国などのスペイン語を話す国々からの移民が増えています。それらの移民は何と呼ばれていますか。(3点)

② 資料Ⅱは，B国とD国の人口ピラミッドです。この 2 国を比較(ひかく)したとき，D国の年齢(ねんれい)別の人口構成にはどのような特色があるか答えなさい。(6点)

資料Ⅱ

B国　D国

男 女　男 女

8 6 4 2 0 2 4 6 8 (%)　8 6 4 2 0 2 4 6 8 (%)

(2019年)
(2021/22年版「世界国勢図会」)

(1)	(2)	(3)	
(4)			
(5)①		②	

2

表を見て，次の問いに答えなさい。(25点)

(1) Aの後の日本国内の状況について説明した
次の文中の， Ⅰ ， Ⅱ にあてはまる
語をそれぞれ答えなさい。(2点×2)

> 壬申(じんしん)の乱に勝って即位した Ⅰ 天皇によって，天皇中心の政治が強力に進められた。その後，701年には大宝律令(たいほうりつりょう)がつくられ，710年には都が Ⅱ 京に移されて中央集権国家の整備が進んだ。

時代	できごと・キーワード
飛鳥(あすか)時代	白村江(はくすきのえ/はくそんこう)の戦い……A
奈良(なら)時代	正倉院(しょうそういん)…………B
鎌倉(かまくら)時代	元寇(げんこう)……………C
室町(むろまち)時代	日明(にちみん)(勘合(かんごう))貿易…D
戦国(せんごく)時代	鉄砲(てっぽう)伝来…………E
江戸(えど)時代前期	鎖国(さこく)政策…………F
江戸時代後期	異国船打払令(うちはらいれい)……G

(2) Bには，右のような，1つのものに異なる国や地域の文化の特
徴(ちょう)が表れているものが納められています。このことに象徴(しょう)され
る天平(てんぴょう)文化の特色を，「遣唐使(けんとうし)」の語句を用いて簡単に答えな
さい。(6点)

西アジアの
文化の特徴

中国の文化
の特徴

(3) Cの後の鎌倉幕府の政治について述べているものを次から1つ選び，記号で答えなさい。
(3点)

　ア　幕府は，御家人(ごけにん)救済のために徳政令を出したが，かえって社会を混乱させた。

　イ　幕府は，武家社会の慣習をまとめた御成敗式目(ごせいばいしきもく)を定め，支配の安定化を図(はか)った。

　ウ　幕府では，北条氏が将軍の力を弱めて政治の実権(にぎ)を握(じっけん)り，執権政治を始めた。

　エ　幕府は，承久(じょうきゅう)の乱に勝利し，京都に六波羅探題(ろくはらたんだい)を置いて朝廷(ちょうてい)を監視(かんし)した。

(4) Dでは，正式な貿易船には勘合という証明書が与(あた)えられ，大陸沿岸で密貿易や略奪行為(りゃくだつこうい)
を行った海賊的集団(かいぞく)と区別されました。この海賊的集団を何というか，答えなさい。

(3点)

(5) Eの後に行われた南蛮(なんばん)貿易で，日本の輸出品の中心となった，当時の世界産出量の3分
の1を占(し)めた鉱産資源を答えなさい。(3点)

(6) Fは，徳川家光(とくがわいえみつ)のときに徹底(てってい)されました。Fの他に家光が行った政策について述べてい
るものを次から1つ選び，記号で答えなさい。(3点)

　ア　幕府の学問所では，朱子学(しゅしがく)以外の学問を禁じて世の中の引き締めを図った。

　イ　ものさしやますを統一し，全国の田畑の面積や土地のよしあしを調べた。

　ウ　参勤交代(さんきんこうたい)の制度を定め，大名が領地と江戸に1年ごとに住むことを義務づけた。

　エ　株仲間をつくることを奨励(しょうれい)し，独占(どくせん)的な営業権を認めるかわりに税を課した。

(7) Gを改め，外国船に水などを与えるきっかけとなった戦争を答えなさい。(3点)

(1)Ⅰ		Ⅱ	(2)		
(3)	(4)		(5)	(6)	(7)

3 右のレポートのテーマと項目を見て，次の問いに答えなさい。(27点)

(1) 下線部Aについて，次の問いに答えなさい。

① 日本国憲法の権利のうち自由権にあたるものを次から1つ選び, 記号で答えなさい。(3点)

> テーマ「私たちのくらしと憲法」
> 1 テーマ設定の理由
> 2 A基本的人権の尊重とその保障
> 3 B新しい人権の広がり
> 4 国会・内閣・裁判所とC三権分立
> 5 まとめ

ア 自分の権利が侵害された場合, 公正な裁判によって救済を受けることができる。

イ 裁判官の令状なしには逮捕されたり, 住居を捜索されたりすることはない。

ウ 満30歳になると, 参議院議員や都道府県知事に立候補することができる。

エ 人種や性別などによって, 政治的, 経済的, 社会的関係において差別されない。

② 次の資料は，1919年に世界で初めて社会権を保障した憲法の条文の一部です。ⅰこの憲法の名称を答えなさい。ⅱまた，日本国憲法が社会権として保障しているものを，あとのア〜エからすべて選び，記号で答えなさい。(3点×2)

> 第151条 経済生活の秩序は, すべての人に, 人たるに値する生存を保障することを目ざす, 正義の諸原則に適合するものでなければならない。(略)

ア 請願権　　イ 教育を受ける権利

ウ 財産権　　エ 労働基本権

(2) 下線部Bの1つとして，医療において，医師から十分な説明や情報を得たうえで，患者本人が治療方法を選択し同意することを何といいますか。(3点)

(3) 下線部Cのしくみを表した右の図について，次の問いに答えなさい。

① 図中の➡は，最高裁判所の裁判官を国民が直接罷免できることを示しています。この権利を何といいますか。(3点)

② 図中のD，Eにあてはまるはたらきを次から1つずつ選び，記号で答えなさい。(3点×2)

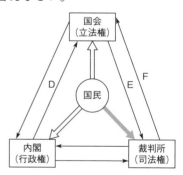

ア 裁判官の弾劾裁判　　イ 予算案の議決

ウ 国務大臣の任命　　エ 内閣総理大臣の指名

オ 衆議院の解散　　カ 最高裁判所長官の指名

③ 図中のFは，裁判所が法律を審査するはたらきを示しています。この審査が行われるのは，法の構成において日本国憲法がどのように位置づけられているからですか。簡単に答えなさい。(6点)

(1)①	② ⅰ		ⅱ	(2)
(3)①	② D	E	③	

4 「風神雷神図屏風」について作成された資料を見て，次の問いに答えなさい。(24点)

(1) 下線部Aについて，①このころのできごとのア〜エを，古いものから順に並べかえ，記号で答えなさい。②16世紀に滅んだ幕府を，第3代の将軍が政治を行った地の名称をとって何幕府といいますか，漢字2字で答えなさい。(3点×2)

ア 豊臣氏が滅ぼされた。

イ 日本人の海外渡航が禁止された。

ウ 織田信長が安土城を築いた。

エ 日本の軍勢が漢城を占領した。

資料

作者	・A16世紀末から17世紀にかけて京都で活躍したB俵屋宗達とされている。
わかったこと	・C金箔が貼りつめられている。 ・D文化財保護法に基づき，国宝に指定された。

(2) 下線部Bが，平安時代の文化に影響を受けたことから，平安時代の文化を右の表にまとめました。表中の ① 〜 ③ に入るものとして適切なものを，①はi群のア・イから，②はii群のカ・キから，③はiii群のサ〜スから1つずつ選び，記号で答えなさい。(3点×3)

時期	できごと
8世紀末〜9世紀	① など，大陸から新しい文化がもたらされた。
9世紀末	② ので，大陸から文化を入手する手段が途絶えた。
10世紀〜11世紀	③ たちが，国風文化と呼ばれる文化を生みだした。

i群 ア 渡来人が儒教を伝える イ 最澄が天台宗を伝える

ii群 カ 遣唐使が停止された キ 朝鮮半島の百済が滅んだ

iii群 サ 武士 シ 町人 ス 貴族

(3) 下線部Cの生産のほとんどは，石川県の県庁所在地で行われています。県庁所在地をひらがな4字で答えなさい。(3点)

(4) 下線部Dは1950年に制定されました。右の図は，法律案の審議過程を模式的に表したものです。①図中の X にあてはまる語をi群のア〜エから1つ選び，記号で答えなさい。また，②法律案の議決は衆議院が優越しますが，衆議院のみが行うことができるものを，ii群のカ〜ケから1つ選び，記号で答えなさい。(3点×2)

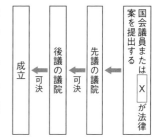

i群 ア 内閣 イ 首長 ウ 天皇 エ 裁判所

ii群 カ 予算の審議 キ 国政調査権の行使

　　　ク 内閣不信任の決議 ケ 憲法改正の審議

(1)①				(2)	(4)①	②
→ → →				(3)		

高校入試模擬テスト ❷

解答 p.21 ～ 22 | 40分

70点で合格！

　　　　　　点

1

次の問いに答えなさい。(22点)

(1) 地図中 ___A___ にあてはまる語を答えなさい。(3点)

(2) 地図中のP～Sについて, 次の問いに答えなさい。

　① 県庁所在地名が県名と一致する県が1つあります。その県庁所在地名を漢字で答えなさい。(3点)

　② 下の資料Ⅰは, P～Sのいずれかの雨温図です。Qのものを1つ選び, 記号で答えなさい。(3点)

地図

資料Ⅰ

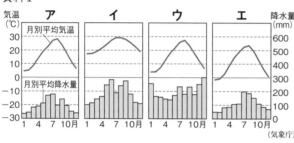

(気象庁)

(3) 資料Ⅱは, 地図中の4道県における耕地面積と, 田, 普通畑, 樹園地, 牧草地の割合を示したものです。BとDの県をそれぞれ答えなさい。(3点×2)

資料Ⅱ

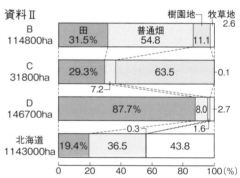

※樹園地は果樹園や茶畑など。普通畑は田・樹園地・牧草地以外の耕地。数値の合計が100になるように調整していない。

(2022年版「データでみる県勢」)

(4) 下の資料Ⅲは石油化学コンビナートの所在地を, 資料Ⅳは日本の石油の国内生産量と輸入量の割合を示しています。①石油化学コンビナートが臨海部に集中している理由を, 資料Ⅳを見て答えなさい。②資料Ⅲ中の, 工業地域や工業地帯が帯状に形成されている地域の名称を答えなさい。(①4点. ②3点)

資料Ⅲ

資料Ⅳ

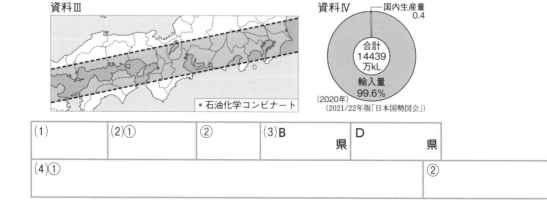

(1)	(2)①	②	(3)B	県	D	県
(4)①					②	

2　年表を見て，次の問いに答えなさい。(28点)

(1) A以降の社会に関する次の表中の（ X ），（ Y ）にあてはまる語をあとの**ア～エ**から1つずつ選び，記号で答えなさい。(3点×2)

年代	できごと
1874年	民撰議院設立の建白書が提出される……… A
1918年	aシベリア出兵が始まる……………………… B
1925年	普通選挙法が公布される………………… ↕s
1941年	太平洋戦争がおこる……………………………
1945年	日本がポツダム宣言を受諾する
1945年	選挙法が改正される………………………… ↕t
1951年	日米安全保障条約が結ばれる……………
1990年	東西ドイツが統一される………………… C

- 鹿児島での（ X ）戦争
  ↓
- （ Y ）らを中心とした言論での運動。国会期成同盟結成。

ア 西南　　**イ** 戊辰　　**ウ** 西郷隆盛　　**エ** 板垣退助

(2) Bの影響でおこった日本国内のできごとを次から1つ選び，記号で答えなさい。(3点)

ア 講和条約の内容に不満をもった民衆が，交番や新聞社などを襲う事件をおこした。

イ 米価が大幅に上がり，安売りを求める民衆が米屋を襲う事件が全国でおこった。

ウ 戦争で得た賠償金を使って官営の八幡製鉄所が建設され，日本の重工業発展の基礎となった。

エ 樺太・千島交換条約がロシアとの間に結ばれ，両国の国境が画定した。

(3) sの期間の，次の**ア～エ**のできごとを年代の古い順に並べたとき，3番目になるものを1つ選び，記号で答えなさい。(6点)

ア 日中戦争がおこる。　　**イ** 日本が国際連盟を脱退する。
ウ 世界恐慌がおこる。　　**エ** 満州事変がおこる。

(4) tの期間に始まった戦争を次から1つ選び，記号で答えなさい。(3点)

ア 朝鮮戦争　　**イ** ベトナム戦争　　**ウ** 第四次中東戦争　　**エ** 湾岸戦争

(5) Cに関する次の文中の（　　）にあてはまる語を答えなさい。(3点)

1980年代後半，東ヨーロッパ諸国で民主化の動きが高まると，1989年，東西冷戦の象徴であった（　　）が壊され，翌年には，東西ドイツの統一が実現した。

(6) 右のグラフは，下線部a前後の日本の貿易額の推移を示したものです。グラフ中の1915年から1918年の時期に，日本の経済にはどのような変化がおきていたか，当時のヨーロッパを中心におきていたできごとにふれ，「輸出」，「景気」の2語を用いて，答えなさい。(7点)

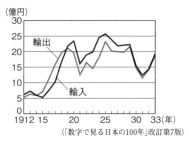
（「数字で見る日本の100年」改訂第7版）

(1)X	Y	(2)	(3)	(4)	(5)

(6)

3 次の文章を読んで，あとの問いに答えなさい。(22点)

　私たちの家庭は，企業でA働くことで収入を得て，商品を購入してB消費を行い，C生活を送る。

　その商品の価格は，自由競争の市場経済においては，需要と供給の関係で変化する。右下の図の右上がりの曲線は　D　の供給量を表している。価格がaのときには，供給量は需要量を上回り，価格を　E　と商品の売れ残りの量が減ることになる。

　商品購入後の残額は，F金融機関へ預金したり，株式を購入したりする。

(1) 下線部Aについて，資料中のア～エから，労働基準法に違反している項目を１つ選び，記号で答えなさい。(3点)

(2) 下線部Bについて述べたものとして正しいものを次から１つ選び，記号で答えなさい。(3点)

　　ア　クーリング−オフ制度で，欠陥商品の損害賠償を求めることができる。

　　イ　クレジットカードは，現金を前払いしておくことで，その場で現金を使わずに買い物ができる。

　　ウ　消費者行政をまとめるため，2009年に公正取引委員会が設置された。

　　エ　ケネディ大統領は，「安全を求める権利」など消費者の４つの権利を示した。

資料

　新入社員募集
　職種：事務職
　給与：男性…20万円 ┐
　　　　女性…18万円 ┘ …………ア
　資格：大学卒業以上……………イ
　時間：8：30～17：30 ┐
　　　　（休憩１時間含む）┘……ウ
　休日：週休２日制………………エ

(3) 下線部Cについて，日本国憲法第25条に基づき，社会保障制度が整備されています。感染症の予防などを行うものを次から１つ選び，記号で答えなさい。(3点)

　　ア　公衆衛生　　イ　公的扶助　　ウ　社会福祉　　エ　社会保険

(4) 　D　，　E　にあてはまる語を，次から１つずつ選び，記号で答えなさい。(3点×2)

　　ア　買い手　　イ　売り手　　ウ　上げる　　エ　下げる

図　ある商品の価格と，需要と供給の関係

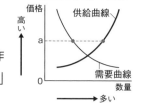

(5) 下線部Fの代表の日本銀行が行う金融政策のうち，公開市場操作について述べた次の文中の（　　　）にあてはまる内容を，「国債」「金融機関の通貨量」の語句を用いて，簡単に答えなさい。(7点)

　　日本銀行は，銀行などとの間で国債などを売買することで，金融機関の通貨量を増減させようとする。不況のときは，日本銀行は（　　　）ことにより，企業や個人がお金を借りやすくする。

(1)	(2)	(3)	(4)D	E	

(5)

4 次の資料を見て，あとの問いに答えなさい。(28点)

1970年開催「日本万国博覧会」
・開催決定：1964年にA池田勇人内閣により決定
・開幕：1970年3月。B参加国数77か国
　パビリオン　ポルトガル館…C16世紀にポルトガル人の種子島漂着以降の紹介
　　　　　　　オランダ館…D長崎の出島のオランダ商館などを映像で紹介
・閉幕：1970年9月。183日間で6422万人の入場者
　　　　E高度経済成長期を象徴するイベントの1つ

(1) 下線部Aは，「所得（　　）」をスローガンに掲げ，経済成長を促進する政策を進めました。この（　　）にあてはまる語を，漢字2字で答えなさい。(3点)

(2) 下線部Bの中には現在と国名が異なる国もありますが，これらの国々に関する次のア〜ウのできごとを年代の古いものから順に並べ，記号で答えなさい。(6点)
　ア　ソビエト連邦の解体
　イ　東西ドイツの統一
　ウ　南北ベトナムの統一

(3) 下線部Cの世界の様子を次から1つ選び，記号で答えなさい。(3点)
　ア　チンギス=ハンがモンゴル帝国を築いた。
　イ　フランスで，自由，平等などを主張した人権宣言が出された。
　ウ　スペインの援助を得たマゼランの船隊が，世界一周を達成した。
　エ　イギリスと中国のあいだで，アヘン戦争がおこった。

(4) 下線部Dが提出した，海外の情報をまとめた報告書を何というか，答えなさい。(3点)

(5) 下線部Eは，1950年代から1970年代にかけて続きました。次の問いに答えなさい。

① 図Ⅰ中のAの期間に公害が深刻化しましたが，イタイイタイ病が発生した川を図Ⅱ中のア〜エから1つ選び，記号で答えなさい。(3点)

② 図Ⅰ中の為替相場の推移で，XからYへの推移は円高，円安のどちらか，答えなさい。(3点)

③ 図Ⅰ中の1973年には，石油危機がおこりました。このできごとが日本の経済に与えた影響を，「物価」の語句を用いて答えなさい。(7点)

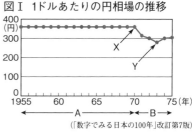

図Ⅰ　1ドルあたりの円相場の推移

（「数字でみる日本の100年」改訂第7版）

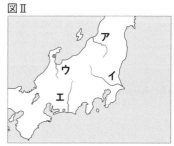

図Ⅱ

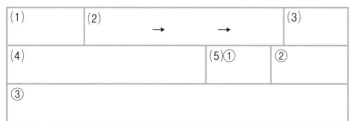

(1)	(2)			(3)
	→	→		
(4)		(5)①	②	
③				

高校入試模擬テスト ❸

解答 p.23 ～ 24

(50) 50分

70点で合格！

　　　点

1 地図を見て，次の問いに答えなさい。(17点)

(1) 資料Ⅰは，円の中心を北極点，円周を赤道として，北半球を表した略図です。資料Ⅰのように北半球を**ア**～**エ**の4つに分けたとき，東京はどこに位置しますか。**ア**～**エ**の中から1つ選び，記号で答えなさい。(2点)

地図

(2) 東京が11月13日午前11時のとき，地図中のシカゴは，11月12日午後8時でした。シカゴが属する地域の標準時の基準となる経度は何度か，東経か西経をつけて答えなさい。(2点)

資料Ⅰ

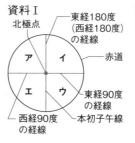

資料Ⅱ

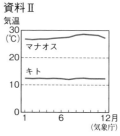

(3) 資料Ⅱは，地図中のキトとマナオスの月平均気温の変化を示したものです。キトの月平均気温が，ほぼ同緯度に位置するマナオスと比べて低い理由を，地形に着目して答えなさい。(5点)

(4) 資料Ⅲを見て，問いに答えなさい。

① 5か国のなかで，人口密度がもっとも高い国を答えなさい。(2点)

資料Ⅲ

国名	人口（万人）(2020年)	面積（万km²）(2019年)	世界全体の生産量に占める割合(%) (2019年)	
			A	B
アメリカ合衆国	33100	983	1.5	6.8
中国	143932	960	27.7	17.4
オーストラリア	2550	769	―	2.3
イギリス	6789	24	―	2.1
タイ	6980	51	3.8	―

※「―」は 0.1 未満

(2021/22年版「世界国勢図会」)

② A，Bの農産物を次から1つずつ選び，記号で答えなさい。(2点×2)

ア 米　**イ** オリーブ　**ウ** 小麦

エ コーヒー豆　**オ** 茶

③ 次の文は，5か国のうちのどの国の特徴にあてはまるか，国名を答えなさい。(2点)

北緯37度より南の地域はサンベルトと呼ばれ，先端技術産業が発達している。

(1)	(2)	(3)		
(4)①		②A	B	③

2 地図を見て，次の問いに答えなさい。(14点)

(1) 地図中のＸは，日本の最北端に位置する島を示しています。この島の名称を次から1つ選び，記号で答えなさい。(2点)

　ア　沖ノ鳥島　　イ　択捉島
　ウ　国後島　　　エ　与那国島

(2) 地図中の⇒は，夏の冷たく湿った北東風を表しています。この風の名称を次から1つ選び，記号で答えなさい。(2点)

　ア　やませ　　　イ　からっ風
　ウ　偏西風　　　エ　ハリケーン

地図

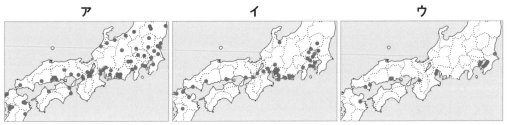

(3) 地図中の長野県は，中部地方に含まれます。長野県に隣接する8つの県のうち，中部地方以外に含まれる2つの県の県庁所在地名をそれぞれ答えなさい。(2点×2)

(4) 次のア〜ウは，2020年の石油化学，自動車，半導体のいずれかの，おもな工場の分布を表したものです。おもな石油化学工場の分布を表したものを次から1つ選び，記号で答えなさい。(2点)

ア　　　　　　　　　　　　　　イ　　　　　　　　　　　　　　ウ

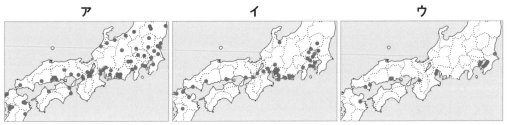

(2021/22年版「日本国勢図会」)

(5) 地図中の長野県と茨城県はともにレタスの生産がさかんですが，その生産には異なる特徴が見られます。長野県のレタス生産について，茨城県と異なる特徴を，資料Ⅰと資料Ⅱを参考にして答えなさい。(4点)

資料Ⅰ　野辺山と古河の平均気温　　　　　資料Ⅱ　東京へのレタスの出荷量

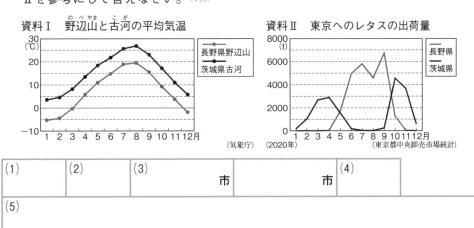

(気象庁)　(2020年)　　　　　　　　　　(東京都中央卸売市場統計)

(1)	(2)	(3)	市	市	(4)

(5)	

3 年表を見て，あとの問いに答えなさい。(18点)

時代	古墳	飛鳥	奈良	平安	鎌倉	室町	安土桃山	江戸	明治	大正	昭和
日本のできごと	大和政権の統一が進む	a 大宝律令が定められる	天平文化が栄える	b 武士が力をもち始める	御成敗式目が定められる	c 応仁の乱がおこる	豊臣秀吉が天下を統一する	d 元禄文化が栄える	e 明治維新が始まる	第一次世界大戦に参戦する	f ポツダム宣言を受諾する

(1) 傍線部 a について，次の問いに答えなさい。(2点×2)

① 律令制のもとで，6歳以上の男女に与えられた田の名称を答えなさい。

② 3年間の九州北部の守りについた兵士の名称を次のア〜エから1つ選び，記号で答えなさい。

ア 地頭　　イ 町衆　　ウ 国司　　エ 防人

(2) 傍線部 b について，平清盛が貿易を行った時期と，もっとも近い時期のできごとを，次のア〜エから1つ選び，記号で答えなさい。(2点)

ア チンギス＝ハンのモンゴル帝国統一　　イ マゼラン船隊の世界一周達成

ウ ムハンマドのイスラム教創始　　エ 新羅の朝鮮半島統一

(3) 傍線部 c について，次の問いに答えなさい。(2点×2)

① この乱の原因となった，銀閣をつくらせた8代将軍はだれか，人物名を答えなさい。

② 身分が下位の者が，実力で上位の者を打倒した当時の風潮を何というか答えなさい。

(4) 傍線部 d で活躍した人物を次のア〜エから1つ選び，記号で答えなさい。(2点)

ア 喜多川歌麿　　イ 運慶　　ウ 狩野永徳　　エ 井原西鶴

(5) 傍線部 e の改革の1つとして，地租改正が行われました。下の資料Ⅰは改正前後の比較，資料Ⅱは幕府領での米の収穫高の推移，資料Ⅲは全国の地租の総額の推移を示しています。政府が資料Ⅰのように地租改正を行った目的を，資料Ⅱ，資料Ⅲから読み取れることと関連づけて答えなさい。(4点)

資料Ⅰ

	改正前	改正後
課税基準	収穫高	地価
納税方法	おもに米で納める 村単位	現金で納める 個人
納入者	耕作者(本百姓)	土地所有者(地主，自作農)

※改正前は江戸時代のものを示している。

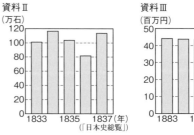

資料Ⅱ

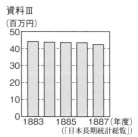

資料Ⅲ

(6) 傍線部 f 後に施行された日本国憲法で，主権者はだれになったか答えなさい。(2点)

(1)①	②	(2)	(3)①	②	(4)

(5)	(6)

4 政府の役割を示した次の表を見て，あとの問いに答えなさい。(29点)

	政治面	経済面
国内	・a立法，行政，b司法に分けられたc三権のうち行政を担当 ・総務省などの各省庁が行政の仕事を分担	・d税金などの収入に基づきe予算を作成 ・f市場経済では供給されにくい施設やサービスなどを提供
国外	・国際連合の活動や国際会議などを通してg国際社会に貢献	・政府開発援助（ODA）などにより国際社会に貢献

(1) 下線部aを担当する国会の仕事を次からすべて選び，記号で答えなさい。(2点)

 ア 条約の締結   **イ** 政令の制定   **ウ** 裁判官の弾劾

 エ 内閣総理大臣の指名   **オ** 最高裁判所長官の指名

(2) 下線部bに関して，日本の裁判員制度について述べた次の文中の（ X ），（ Y ）にあてはまる語を，あとの**ア〜エ**から1つずつ選び，記号で答えなさい。(3点×2)

> 　国民の中から選ばれた裁判員が，（ X ）裁判に参加し，被告人が有罪かどうか，有罪の場合どのような刑にするのかを（ Y ）とともに決めるのが裁判員制度である。

 ア 民事 **イ** 刑事 **ウ** 裁判官 **エ** 検察官

(3) 下線部cに関して，三権分立のねらいを，「権力」の語句を用いて答えなさい。(6点)

(4) 下線部dの間接税にあてはまるものを次から1つ選び，記号で答えなさい。(3点)

 ア 賃金に課された税金   **イ** 企業活動により得た所得に課された税金

 ウ 相続した財産に課された税金 **エ** 買った靴の価格に上乗せで課された税金

(5) 下線部eに関して，右の資料は，2021年度予算の歳出の内訳を示したものです。A，Bにあてはまるものを次から1つずつ選び，記号で答えなさい。(3点×2)

歳出総額 106兆6097億円	A 33.6%	B 22.3	C 14.6	その他 23.8

D 5.7

(2021/22年版「日本国勢図会」)

 ア 国債費   **イ** 社会保障関係費

 ウ 公共事業関係費   **エ** 地方交付税交付金

(6) 下線部fについて，需要量が供給量を上回っている場合の価格の決まり方の例として，もっとも適切なものを次から1つ選び，記号で答えなさい。(3点)

 ア 農家から直接買うと安く買える。   **イ** さんまが不漁のため価格が上がった。

 ウ 電気料金の値上げを政府が認可した。 **エ** りんごが豊作で価格が下がった。

(7) 下線部gに関して，アメリカや日本，オーストラリアなどの太平洋沿岸国でつくる，経済協力のための組織の略称を次から1つ選び，記号で答えなさい。(3点)

 ア APEC **イ** USMCA **ウ** WTO **エ** UNESCO

(1)		(2)X	Y	(3)	
(4)	(5)A	B	(6)	(7)	

5

京都市内の野外調査を行った地域と，調査内容を記した資料を見て，次の問いに答えなさい。(22点)

(1) 下線部 a の時代に関係することがらを，次から1つ選び，記号で答えなさい。(3点)

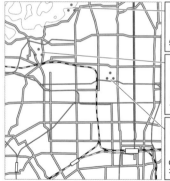

【鹿苑寺の金閣】
a 室町時代に建てられた3つの層からなる建物で，建築の様式に禅宗の影響が表れている。

【雙ケ岡】
b 鎌倉時代から南北朝時代にかけての歌人である兼好法師(吉田兼好)ゆかりの地とされ，3つの丘で構成されている。

【二条城】
c 江戸時代初期に建てられ，15代将軍である
d 徳川慶喜にいたるまでの間，将軍が京都に滞在する際に利用された。

ア 承久の乱の発生
イ 勘合貿易の開始
ウ 御成敗式目の制定
エ 六波羅探題の設置

(2) 下線部 b について述べた次の文中の，(　　)に共通してあてはまる語を答えなさい。
(3点)

> 源頼朝の死後，北条氏が幕府の実権を握り，将軍の力を弱めて(　　)の地位につき，その地位を独占して(　　)政治を行った。

(3) 下線部 c の後半になると，桐生や足利などの絹織物業では，次の文のような工業の形態が見られました。このような工業の形態の特徴を簡単に答えなさい。(6点)

> 機織機をもっている業者たちは，作業場で絹織物を織る女，まゆから糸をとる人，生糸を染める職人らをたくさん雇って生産していた。

(4) 下線部 d は1866年に二条城で将軍に任じられました。

① この人物が行ったことを，次から1つ選び，記号で答えなさい。(3点)

ア 大政奉還　イ 廃藩置県　ウ 版籍奉還　エ 王政復古の大号令

② 右の資料は二条城付近の地形図です。□□□の範囲の周囲の長さは，2万5千分の1地形図上で約7.8cmです。実際のおよその距離を次から1つ選び，記号で答えなさい。(2点)

ア 1950m　イ 3120m　ウ 19500m　エ 31200m

(国土地理院発行　2万5千分の1
地形図「京都西北部」より作成)

(5) 京都市はさまざまな取り組みをしています。

① 京都市は景観を守るために，独自の決まりを制定しています。国の法律にあたるもので，地方議会の議決を経て制定される，その地方公共団体だけに適用される決まりを何というか，答えなさい。(3点)

② 住民の直接請求権について，住民が首長の解職請求をする場合，その請求先となる機関を何というか，名称を答えなさい。(2点)

(1)	(2)	(3)		
(4)①	②	(5)①	②	

1 世界のすがた、日本のすがた

1 次の図の（　）にことばを入れなさい。

●世界の地形

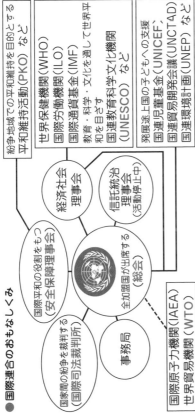

アフリカ大陸　ユーラシア大陸　北アメリカ大陸　南アメリカ大陸　南極大陸　オーストラリア大陸

太平洋　大西洋　（インド洋）

●日本の領域

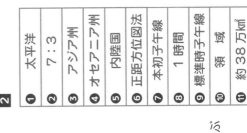

日本の北端（択捉）島
日本の（排他的経済）水域（領海を含む）
日本の東端（南鳥）島
日本の南端（沖ノ鳥）島
日本の西端（与那国）島

2 次の説明文に合う語句を答えなさい。

① 三大洋のうち、もっとも広い海洋。
② 地球の表面積での海洋と陸地の割合。
③ 人口がもっとも多い州。
④ オーストラリアが属する州。
⑤ 国土がまったく海に面していない国。
⑥ 図の中心からの距離と方位が正しい図法。
⑦ イギリスのロンドンを通る0度の経線。
⑧ 経度15度ごとに生じる時差。
⑨ 兵庫県明石市を通る東経135度の経線。
⑩ 領土・領海・領空からなる、国家の主権がおよぶ範囲。
⑪ 日本の国土面積。

2

① 太平洋
② 7：3
③ アジア州
④ オセアニア州
⑤ 内陸国
⑥ 正距方位図法
⑦ 本初子午線
⑧ 1時間
⑨ 標準時子午線
⑩ 領域
⑪ 約38万km²

---

① （ミシン目折り）

---

16 国際社会と世界平和

1 次の図の（　）にことばを入れなさい。

●国際連合のおもなしくみ

- 安全保障理事会（国際平和の役割をもつ）
- 総会（全加盟国が出席する）
- 経済社会理事会
- 信託統治理事会（活動停止中）
- 事務局
- 国際司法裁判所（国家間の紛争を裁判する）
- 国際原子力機関（IAEA）　世界貿易機関（WTO）

紛争地域での平和維持を目的とする平和維持活動（PKO）など

世界保健機関（WHO）　国際労働機関（ILO）　国際通貨基金（IMF）

教育・科学・文化を通して世界平和を目ざす　国連教育科学文化機関（UNESCO）など

発展途上国の子どもたちへの支援　国連児童基金（UNICEF）、国連貿易開発会議（UNCTAD）、国連環境計画（UNEP）など

2 次の説明文に合う語句を答えなさい。

① 国際連合の安全保障理事会の、アメリカ、ロシア、イギリス、フランス、中国の5か国の呼称。
② ①の国々がもつ、1か国でも反対すると議案を決議できない権利。
③ ヨーロッパの政治・経済の統合を目ざす組織。
④ アジア太平洋経済協力会議のアルファベット表記。
⑤ アメリカ合衆国・メキシコ・カナダが結んだ協定。
⑥ 北半球の先進国と南半球の発展途上国間の問題。
⑦ 核拡散防止条約のアルファベット表記。
⑧ 2020年以降の地球温暖化対策の国際的枠組み。
⑨ 国際貢献のための政府開発援助のアルファベット表記。
⑩ 持続可能な開発目標のアルファベット表記。

2

① 常任理事国
② 拒否権
③ ヨーロッパ連合（EU）
④ APEC
⑤ 米国・メキシコ・カナダ協定（USMCA）
⑥ 南北問題
⑦ NPT
⑧ パリ協定
⑨ ODA
⑩ SDGs

暗記カード 2 世界のさまざまな地域 ①（くらしと気候、アジア、ヨーロッパ）

1 次の図の（　）にことばを入れなさい。
● 世界の気候区分

- 夏は高温で乾燥し冬は比較的多雨の（地中海性）気候
- 平均的に降雨がある（西岸海洋性）気候
- 1年を通して降雨がとても少ない（砂漠）気候
- 明確な四季の変化が（温暖湿潤）気候
- 1年を通して高温多雨の（熱帯雨林）気候
- 雨季と乾季がある（サバナ）気候
- 雨季と乾季がみられる（ステップ）気候

凡例：
- 冷帯（亜寒帯）気候
- ツンドラ気候
- 氷雪気候
- 高山気候

2 次の説明文に合う語句を答えなさい。

① 冷帯（亜寒帯）に見られる針葉樹林帯。
② 乾燥帯や寒帯に多い、移動しながら家畜を飼育すること。
③ 中国のシェンチェンなど外国企業のある地区。
④ 東南アジア諸国連合のアルファベット表記。
⑤ 植民地時代につくられた大農場。
⑥ ノルウェーなどにある氷河がつくった入り江。
⑦ 西ヨーロッパの気候に影響する暖流。
⑧ ドイツなどでさかんな、穀物栽培と家畜の飼育を組み合わせた農業。
⑨ ヨーロッパ連合のアルファベット表記。
⑩ ヨーロッパ連合の多くの国々で使われる共通通貨。

2
①	タイガ
②	遊牧
③	経済特区
④	ASEAN
⑤	プランテーション
⑥	フィヨルド
⑦	北大西洋海流
⑧	混合農業
⑨	EU
⑩	ユーロ

暗記カード 15 くらしと経済

● 需要・供給曲線と価格の変動

1 次の図の（　）にことばを入れなさい。

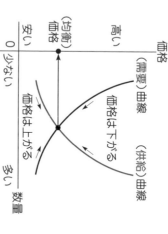

（均衡）価格
高い／安い
（需要）曲線　（供給）曲線
価格は下がる　価格は上がる
0　少ない　多い　数量

● 国の歳入と歳出

歳入106.6兆円
- （公債金）40.9
- 消費税 40.9 …（※）
- （消費税）19.0
- （国債費）22.3
- （法人税）8.4
- （所得税）17.5%
- （社会保障関係費）33.6%
- その他14.1

歳出106.6兆円
- 15.0
- 5.0
- 5.1
- 5.7
- 地方交付税交付金
- 公共事業費
- 防衛関係費
- 文教及び科学振興費
- その他13.4

(2021年度)
※合計が100%になるように調整していない。
(財務省)

2 次の説明文に合う語句を答えなさい。

① 欠陥商品や説明不備で被害を受けた消費者を救済する法律。
② 株主が出席し会社の経営方針を議決する会議。
③ 労働三法の1つで労働の最低基準を定めた法律。
④ 物価が上昇し続ける状態。
⑤ 物価が下降し続ける状態。
⑥ 日本銀行が景気安定化のために行う政策。
⑦ 日本銀行が国債などの売買によって通貨の量を調節すること。
⑧ 所得が多くなるにつれて税率が上がる課税方式。
⑨ 政府が景気安定のために行う政策。
⑩ 将来に備え、お金を積み立てる社会保障の1つ。
⑪ 外国の通貨に対して円の価値が高まること。

2
①	製造物責任法（PL法）
②	株主総会
③	労働基準法
④	インフレーション
⑤	デフレーション
⑥	金融政策
⑦	公開市場操作
⑧	累進課税（制度）
⑨	財政政策
⑩	社会保険
⑪	円高

1 次の図の（　）にことばを入れなさい。

●北アメリカの地形

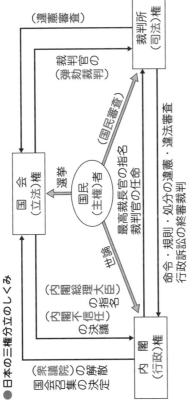

高く険しい（ロッキー）山脈
平原の（プレーリー）
低くなだらかな（アパラチア）山脈
（ミシシッピ）川
中央平原
五大湖
パナマ運河
グレートプレーンズ
メキシコ湾
北緯37度
大西洋
太平洋

●アメリカ合衆国の農業
（放牧）（小麦）西経（100）度
（酪農）（綿花）
園芸農業
地中海式農業
年降水量500mm

とうもろこし・大豆
その他

2 次の説明文に合う語句を答えなさい。

① 特定の農産物や鉱産資源の輸出に頼る経済。
② 南アフリカ共和国で行われていた人種隔離政策。
③ 環境や社会条件に応じた農作物を栽培すること。
④ アメリカ合衆国の北緯37度以南の工業発展地域。
⑤ サンフランシスコ郊外のICT関連企業集中地域。
⑥ メキシコなどからアメリカ合衆国へ渡ったスペイン語を話す移民。
⑦ 世界各地に展開する企業。
⑧ 世界最大の流域面積をもつ河川。
⑨ アルゼンチンの農牧業のさかんな温帯草原。
⑩ 南米の先住民と、白人との混血の人々。
⑪ オーストラリアの先住民。
⑫ オーストラリアで行われていた移民制限政策。

2
① モノカルチャー経済
② アパルトヘイト
③ 適地適作
④ サンベルト
⑤ シリコンバレー
⑥ ヒスパニック
⑦ 多国籍企業
⑧ アマゾン川
⑨ パンパ
⑩ メスチソ
⑪ アボリジニ
⑫ 白豪主義

---

1 次の図の（　）にことばを入れなさい。

●日本の三権分立のしくみ

国会（立法）権
裁判所（司法）権
内閣（行政）権
国民（主権）者

選挙
世論
国民審査
（内閣総理大臣の指名）
（内閣不信任の決議）
国会召集の決定　衆議院の解散
裁判官の（弾劾裁判）
（違憲審査）
最高裁判所長官の指名
裁判官の任命
命令・規則・処分の違憲・違法審査
行政訴訟の終審裁判

2 次の説明文に合う語句を答えなさい。

① 一定年齢以上の国民が選挙権を得るという原則。
② 選挙区の議員1人あたりの有権者数に差があること。
③ 衆議院の議決が参議院よりも優先されること。
④ 衆議院議員の被選挙権年齢。
⑤ 内閣が必要としたときに召集される国会。
⑥ 内閣が国会に対して連帯して責任を負う制度。
⑦ 内閣総理大臣が任命する、各省庁の長。
⑧ 第二審の裁判所に訴えること。
⑨ 国民が刑事裁判の第一審に参加する制度。
⑩ 民事裁判で訴えられた人。
⑪ 地方自治で認められた、住民が地方自治に参加する直接民主制の制度の1つ。
⑫ 国から地方に与えられる財政格差是正の資金。

2
① 普通選挙
② 一票の格差
③ 衆議院の優越
④ 満25歳以上
⑤ 臨時会（臨時国会）
⑥ 議院内閣制
⑦ 国務大臣
⑧ 控訴
⑨ 裁判員制度
⑩ 被告
⑪ 直接請求権
⑫ 地方交付税交付金

地域調査，日本の地域的特色

1 次の図の（　）にことばを入れなさい。

● 日本周辺の海流と海洋

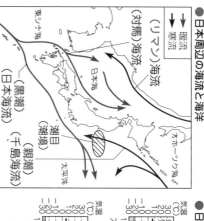

暖流　寒流
（リマン）海流
（対馬）海流
（黒潮）（日本海流）
潮目（潮境）
（親潮）（千島海流）
東シナ海　オホーツク海　日本海　太平洋

● 日本の気候区分

静岡　年平均16.9℃　2321.3mm　太平洋側の気候
富山　14.5℃　2374.2mm　日本海側の気候
長野　12.3℃　965.1mm　中央高地の気候
高松　16.7℃　1150.1mm　瀬戸内の気候
那覇　23.3℃　2161.0mm　南西諸島の気候
札幌　9.2℃　1146.1mm　北海道の気候

（気象庁）

2 次の説明文に合う語句を答えなさい。

1　2万5千分の1地形図上で2cmの実際の距離。
2　日本列島が属する造山帯。
3　日本列島を東日本と西日本に分ける大地溝帯。
4　日本海を北上する暖流。
5　川が山間部から平地に出たところにできる地形。
6　日本の気候に影響する，夏と冬で風向きの変わる風。
7　日本などの先進国で見られる，子どもの割合が減少し，高齢者の割合が増加する現象。
8　日本の発電の中心で，石油などを利用した方法。
9　冷涼な気候を生かし，出荷時期を遅らせる栽培方法。
10　魚などを成魚になるまで育てる漁業。
11　関東から九州北部に連なる工業地帯・地域の総称。

2
1　500m(0.5km)
2　環太平洋造山帯
3　フォッサマグナ
4　対馬海流
5　扇状地
6　季節風(モンスーン)
7　少子高齢化
8　火力発電
9　抑制栽培
10　養殖業
11　太平洋ベルト

現代社会，日本国憲法と人権

1 次の図と表の（　）にことばや数字を入れなさい。

● 日本国憲法の特色

日本国憲法の特色	
公布	（1946）年（11）月（3）日
施行	（1947）年（5）月（3）日
主権	（国民）主権（大日本帝国憲法では天皇主権）
天皇	日本国・日本国統合の（象徴）（大日本帝国憲法では天皇主権）
人権	基本的（人権）の尊重（大日本帝国憲法では法律で制限）

● 基本的人権と新しい人権

（自由）権…身体の自由・精神の自由・経済活動の自由
（平等）権…法の下の平等
（社会）権…（生存）権（25条）・教育を受ける権利・労働者の権利
人権保障のため…参政権・請求権
新しい人権…環境権・知る権利など

2 次の説明文に合う語句を答えなさい。

1　人などが国境を越えて一体化すること。
2　親と子，または夫婦だけの家族世帯。
3　国家権力を立法，行政，司法の3つに分けて抑制し合い，均衡を保つしくみ。
4　を「法の精神」で説いたフランスの思想家。
5　世界で初めて社会権を認めたドイツの憲法。
6　日本国憲法改正の発議に必要な，衆議院と参議院の賛成数の条件。
7　天皇が行う，内閣の助言と承認に基づく行為。
8　職業選択の自由などが含まれる自由権の種類。
9　男女の対等な社会活動参加を推進する法律。
10　日本国憲法において，社会全体の利益と幸福を意味する，人権の限界や制限のこと。
11　国際連合が1948年に人権について示した宣言。

2
1　グローバル化
2　核家族（世帯）
3　三権分立
4　モンテスキュー
5　ワイマール憲法
6　総議員の3分の2以上
7　国事行為
8　経済活動の自由
9　男女共同参画社会基本法
10　公共の福祉
11　世界人権宣言

1 次の図の（　）にことばを入れなさい。
● 九州, 中国・四国, 近畿, 中部地方

地図の書き込み：
- 飛騨山脈
- 木曽山脈
- 赤石山脈
- 富士山
- 日本最長の（信濃）川
- 3000m級の山々（日本アルプス）
- 琵琶湖
- 若狭湾
- 淀川
- 濃尾平野
- 木曽川
- 讃岐平野
- 高知平野
- 野菜の（促成）栽培
- 吉野川
- 紀伊山地
- 四国山地
- 世界最大級の（カルデラ）台地
- 阿蘇山
- 火山灰の（シラス）台地
- 中国山地
- 筑後川
- 有明海
- 九州山地
- 筑紫山地
- 日本海
- 太平洋
- （アメリカ）軍の基地が多い

2
① 八幡製鉄所
② 水俣病
③ 屋久島
④ ため池
⑤ 本州四国連絡橋
⑥ 広島市
⑦ 阪神工業地帯
⑧ 越後平野
⑨ 高原野菜
⑩ 中京工業地帯
⑪ 茶

2 次の説明文に合う語句を答えなさい。
① 北九州工業地域の出発点となった官営の製鉄所。
② 熊本県で見られた四大公害病のうちの1つ。
③ 原生林や豊かな自然が評価され、1993年に世界自然遺産に登録された、鹿児島県の島。
④ 水不足になりやすい讃岐平野で、農業用水確保のために多くつくられたもの。
⑤ 本州と四国地方を結ぶ3つの交通路。
⑥ 長崎市とともに原子爆弾が投下された都市。
⑦ 大阪市を中心に広がる工業地帯。
⑧ 信濃川流域の稲作がさかんな平野。
⑨ 中央高地で栽培がさかんなレタスなどの野菜。
⑩ 名古屋市を中心に広がる工業地帯。
⑪ 静岡県の牧ノ原などで栽培される農産物。

---

1 次の図と表の（　）にことばや数字を入れなさい。
● 世界恐慌への各国の対策

資源・植民地がある国
- アメリカ…（ニューディール）政策
- イギリス・フランス…（ブロック経済）
- ソ連…五か年計画

対立→戦争へ

資源・植民地がない国→植民地獲得へ
- （ドイツ）…ヒトラー政権
- イタリア…ムッソリーニ政権
- 日本…1932年（満州）国建国宣言
→中国侵略

年	できごと
(1914)	第一次世界大戦が始まる
1929	世界恐慌がおこる
1931	満州事変がおこる
1932	（五・一五）事件がおこる
1936	（二・二六）事件がおこる
1937	日中戦争が始まる
(1941)	太平洋戦争が始まる
1951	（サンフランシスコ）平和条約が結ばれる
1956	日ソ共同宣言が発表される
1990	東西ドイツが統一される
2001	アメリカ同時多発テロがおこる

2
① 二十一か条の要求
② 五・四運動
③ 普通選挙法
④ 犬養毅
⑤ 国家総動員法
⑥ 第二次世界大戦
⑦ 農地改革
⑧ 特需（特需景気）
⑨ 日米安全保障条約
⑩ 日中共同声明
⑪ 石油危機（オイルショック）
⑫ 冷たい戦争（冷戦）

2 次の説明文に合う語句を答えなさい。
① 1915年に日本が中国に対して示して要求した事項。
② 1919年に中国の北京でおこった反日・反帝国主義運動。
③ 1925年に満25歳以上の男子すべてに選挙権を認めた法。
④ 1932年におきた事件で暗殺された首相。
⑤ 1938年に出された、政府が議会の審議を経ずに国民や物資を戦争へ動員できるとする法。
⑥ 1939年にヨーロッパで始まった戦争。
⑦ 1946年から始まった、農村の土地整理の改革。
⑧ 1950年の朝鮮戦争がきっかけの日本の好景気。
⑨ 1951年に結ばれた、米軍の日本駐留を認める条約。
⑩ 1972年に中国との国交回復を宣言した声明。
⑪ 1973年の石油価格上昇による経済への悪影響。
⑫ 1989年の米ソ首脳会談で終結が宣言された対立。

1 次の図の（　）にことばを入れなさい。

●関東、東北、北海道地方

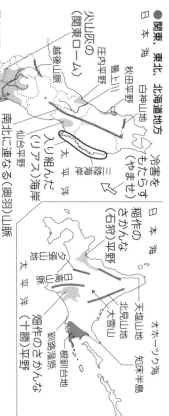

日本海
日本
冷害をもたらす（やませ）
稲作のさかんな（石狩）平野
入り組んだ（リアス）海岸
三陸海岸
太平洋
火山灰の（関東ローム）
庄内平野
秋田平野
白神山地
最上川
越後山脈
南北に連なる（奥羽）山脈
仙台平野
関東平野
流域面積が日本最大の（利根）川

オホーツク海
知床半島
天塩山地
北見山地
大雪山
石狩山地
日高山脈
太平洋
畑作のさかんな（十勝）平野
根釧台地
釧路湿原

2 次の説明文に合う語句を答えなさい。

1 関東地方に吹く、冬の北西の季節風。
2 東京などの大都市に近いことをいかした農業。
3 東京都・神奈川県・埼玉県に広がる工業地帯。
4 千葉県の海岸部に広がる工業地域。
5 栃木県など内陸部で、高速道路沿いに多くつくられた工業団地を中心とする工業地域。
6 千葉県にある日本最大の貿易額の空港。
7 稲作のさかんな庄内平野を流れる川。
8 青森県や長野県で栽培がさかんな果樹。
9 南部鉄器の生産で有名な岩手県の県庁所在地。
10 根釧台地でさかんな乳牛を飼う農牧業。
11 北海道の先住民族。
12 有珠山の噴火などに備えた防災地図の別称。

2 こたえ

1 からっ風
2 近郊農業
3 京浜工業地帯
4 京葉工業地域
5 北関東工業地域
6 成田国際空港
7 最上川
8 りんご
9 盛岡市
10 酪農
11 アイヌ民族
12 ハザードマップ

1 次の図と表の（　）にことばや数字を入れなさい。

●日米修好通商条約（1858年締結）

不平等などの内容
日米修好通商条約が結ばれ、日本に（関税自主権）がない。アメリカに（領事裁判権（治外法権））を認めた。

年	できごと
1688	イギリスで名誉革命がおこる
1776	アメリカ独立宣言が出される
1789	フランス革命が始まる
（1853）	アメリカの（ペリー）が浦賀へ来航する→翌年日米和親条約が結ばれる
1867	大政奉還、王政復古の大号令
1873	地租改正が始まる
1877	九州で（西南）戦争がおこる
1889	（大日本帝国憲法）が発布される
1894	（日清）戦争がおこる
1904	（日露）戦争がおこる
1910	韓国を併合する

日米修好通商条約で開港した港
（長崎）
兵庫（神戸）
下田
新潟
（函館）
神奈川（横浜）

2 次の説明文に合う語句を答えなさい。

1 1840年に中国（清）とイギリスの間で始まった戦争。
2 日米修好通商条約を結んだ幕府の大老。
3 15代将軍徳川慶喜が政権を朝廷に返したこと。
4 1869年に藩主が土地と人民を政府に返したこと。
5 地価の3％を地主が現金で納めるようにしたこと。
6 欧米の文化により、生活が変化したこと。
7 大隈重信らが結成した政党。
8 初代内閣総理大臣となった人物。
9 貴族院とともに帝国議会を構成した、国民が選挙した議員からなる議院。
10 1902年に日本とイギリスが結んだ同盟。
11 中国の革命運動で三民主義を唱えた人物。

2 こたえ

1 アヘン戦争
2 井伊直弼
3 大政奉還
4 版籍奉還
5 地租改正
6 文明開化
7 立憲改進党
8 伊藤博文
9 衆議院
10 日英同盟
11 孫文

暗記カード 7 文明のおこりと古代の日本

1 次の表の（　）にことばや数字を入れなさい。

年	できごと
239	邪馬台国の（卑弥呼）が使者を送る
593	（聖徳太子）が推古天皇の摂政となる
607	小野妹子が（遣隋使）として中国へ派遣される
645	中大兄皇子らにより（大化の改新）が始まる
(710)	平城京へ都を移す
(794)	平安京へ都を移す
894	遣唐使が停止される

●律令制下の税（奈良時代）

税	（租）	収穫した稲の3％
	（調）	地方の特産物
	（庸）	労役の代わりに布
兵役・労役	（防人）	九州北部の警備
	衛士	都の警備
	雑徭	国司のもとで1年間に60日以内の労働

2 次の説明文に合う語句を答えなさい。

① メソポタミア文明で発明された文字。
② 縄文時代の人々が住んだ建物。
③ 佐賀県にある弥生時代の遺跡。
④ 7世紀後半から天皇と呼ばれるようになる、大和政権の王。
⑤ 604年に聖徳太子が定めた朝廷の役人としての心得を示した法令。
⑥ 天智天皇のあと継ぎをめぐる戦い。
⑦ 701年に唐を手本に定められた律令。
⑧ 743年に出された開墾地の永久私有を認める法。
⑨ 平安京に都を移した天皇。
⑩ 高野山に金剛峯寺等を建立した僧。
⑪ 藤原氏が摂政や関白となって行った政治。
⑫ 国風文化期に『枕草子』を著した人物。

2
① くさび形文字
② たて穴住居
③ 吉野ヶ里遺跡
④ 大王
⑤ 十七条の憲法
⑥ 壬申の乱
⑦ 大宝律令
⑧ 墾田永年私財法
⑨ 桓武天皇
⑩ 空海
⑪ 摂関政治
⑫ 清少納言

暗記カード 10 近世の日本

1 次の図と表の（　）にことばや数字を入れなさい。

●江戸時代の交通の様子

―― 五街道
― その他の街道
------ 海路

奥州道中（宇都宮～白河）
日光道中（江戸～日光）
佐渡金山
中山道（江戸～草津）
甲州道中（江戸～下諏訪）
（西廻り）航路
（東廻り）航路
東海道（江戸～京都）
石見銀山
生野銀山
別子銅山
天下の台所（大阪）
長崎

年	できごと
1600	（関ヶ原）の戦い
(1603)	江戸幕府成立
1615	豊臣氏が滅びる
1637	島原・天草一揆がおこる
1641	オランダ商館を長崎の（出島）に移す
1680	徳川綱吉が5代将軍となる
1716	8代将軍徳川吉宗が（享保）の改革を始める
1787	（寛政）の改革が始まる
1841	（天保）の改革が始まる

2 次の説明文に合う語句を答えなさい。

① 関ヶ原の戦い以前から徳川氏に従っていた大名。
② 江戸幕府の大名統制法。
③ 大名に1年おきに江戸と領地の移動を命じた制度。
④ ③を制度化した江戸幕府3代将軍。
⑤ 鎖国下の日本へ来た朝鮮の使節。
⑥ 大阪などに置かれた大名の倉庫兼屋敷。
⑦ 徳川綱吉のころに上方を中心に栄えた文化。
⑧ 徳川吉宗が定めた裁判の基準となる法。
⑨ 18世紀に商人の力を利用して財政を立て直そうとした老中。
⑩ 寛政の改革を行った老中。
⑪ 天保の改革で解散させられた商工業者の組合。
⑫ 『古事記伝』を著し国学を大成した人物。

2
① 譜代大名
② 武家諸法度
③ 参勤交代
④ 徳川家光
⑤ 通信使（朝鮮通信使）
⑥ 蔵屋敷
⑦ 元禄文化
⑧ 公事方御定書
⑨ 田沼意次
⑩ 松平定信
⑪ 株仲間
⑫ 本居宣長

① 次の図と表の（　）にことばを入れなさい。

● 鎌倉幕府のしくみ

将軍
執権
政権（　）

中央
- 侍所（軍事・警察）
- 政所（一般の政務・財政）
- 問注所（訴訟・裁判）

地方
- 守護（国ごとの軍事・警察）
- 地頭（荘園の管理・年貢徴収）
- 六波羅探題（西国支配・朝廷の監視）

年	できごと
1086	白河上皇の（院政）が始まる
1167	平清盛が太政大臣となる
1192	（源頼朝）が征夷大将軍となる
1221	後鳥羽上皇が倒幕の兵を挙げる ＝（承久）の乱
1232	北条泰時が（御成敗式目）を定める
1333	鎌倉幕府が滅びる
1338	足利尊氏が征夷大将軍となる
1392	南北朝が統一される
1467	（応仁）の乱がおこる

① 答え
1. 院政
2. 源頼朝
3. 承久
4. 御成敗式目
5. 応仁

② 次の説明文に合う語句を答えなさい。

1. 10世紀に関東地方で反乱をおこした武士。
2. 1156年におこった上皇と天皇の争い。
3. 鎌倉時代に浄土宗を開いた僧。
4. 2度の元寇を命じた元の皇帝。
5. 2度の元寇時の執権。
6. 室町幕府の将軍の補佐役。
7. 室町時代に中国の沿岸などをおそった日本の海賊。
8. 室町時代の商工業者の同業組合。
9. 室町時代の農村につくられた自治組織。
10. 戦国大名が領地のために定めた法。
11. 足利義満が京都の北山に建てた別荘。
12. 現在の和風建築の源となっており、室町時代に成立した住宅建築様式。

② 答え
1. 平将門
2. 保元の乱
3. 法然
4. フビライ＝ハン
5. 北条時宗
6. 管領
7. 倭寇
8. 座
9. 惣（惣村）
10. 分国法（家法）
11. 金閣
12. 書院造

---

① 次の図と表の（　）にことばを入れなさい。

● 大航海時代

（コロンブス）（オスマン帝国）（ロシア）（バスコ＝ダ＝ガマ）（ムガル帝国）（スペイン王国）（ポルトガル王国）（明）（日本）（西インド諸島）（喜望峰）（マゼラン）船隊（マゼラン海峡）

■ ポルトガルとその植民地
■ スペインとその植民地

年	できごと
1517	（ルター）が宗教改革を始める
1543	種子島に鉄砲が伝わる
1549	（フランシスコ＝ザビエル）がキリスト教を伝える
1560	桶狭間の戦い
1573	（室町）幕府が滅びる
1575	（長篠）の戦い
1582	（豊臣秀吉）が明智光秀を倒す
1588	（刀狩）令を出し武器を取り上げる
1590	豊臣秀吉が全国を統一する

② 次の説明文に合う語句を答えなさい。

1. 11世紀末～13世紀後半にエルサレム奪回のために送られた軍隊。
2. 14世紀にイタリアから始まった文芸復興の別称。
3. ルターらがおこしたキリスト教の宗派。
4. 日本に鉄砲を伝えた国。
5. スペイン人やポルトガル人との貿易の名称。
6. 室町幕府最後の15代将軍。
7. 織田信長が座をなくし、自由な商業を認めたこと。
8. 豊臣秀吉が始めた、田畑の面積や予想収穫高の調査。
9. 刀狩で武士と農民の身分が区分されたこと。
10. 「唐獅子図屏風」を描いた人物。
11. 質素な風情のわび茶の作法を完成させた人物。

② 答え
1. 十字軍
2. ルネサンス
3. プロテスタント
4. ポルトガル
5. 南蛮貿易
6. 足利義昭
7. 楽市・楽座
8. 太閤検地
9. 兵農分離
10. 狩野永徳
11. 千利休

中学3年間の社会
解答編

1 世界のすがた

本文 p.2

1 (1)北　(2)ユーラシア大陸

(3)ウ　(4)大西洋

(5)ロシア(連邦)

2 (1)イギリス　(2)ウ　(3)D

解説

1 (2)六大陸は面積の広いものから順に，ユーラシア大陸，アフリカ大陸，北アメリカ大陸，南アメリカ大陸，南極大陸，オーストラリア大陸となる。

(3)地図は，中心からの距離と方位が正確に表される**正距方位図法**で描かれている。

(4)Bのアフリカ大陸，Cの南アメリカ大陸，Dの北アメリカ大陸のすべてに面するのは，大西洋である。なお三大洋の面積は，広いものから順に太平洋，大西洋，インド洋となる。

(5)ロシアの国土面積は，日本(約 38 万 km^2)の約 45 倍である。

2 (2)赤道は南アメリカ大陸北部やアフリカ大陸中央部，東南アジアのインドネシアなどを通るため，**イ**の緯線が赤道となる。緯線は赤道がもっとも長く，高緯度ほど短くなるため，実際の距離がもっとも短いのは赤道からもっとも離れた**ウ**となる。

(3)**対せき点**(地球上の正反対の地点)とは，ある地点からみた経度と緯度が 180 度反対の地点のこと。Yは日本に位置し，東経 135 度・北緯 30 度付近をさす。対せき点の経度は本初子午線から西となるため 180 度－135 度＝西経 45 度付近。緯度は度数をそのままに，南緯と北緯を逆にすれば求めることができるため，南緯 30 度付近となる。本初子午線と赤道からそれぞれの位置を割り出すとDとなる。

POINT 緯度と経度の基準となる，0 度の緯線(赤道)，0 度の経線(本初子午線)が通る位置を理解しておく。

2 日本のすがた

本文 p.4

1 (1)①ウ　②ア　③エ　(2)ア

2 (1) 200

(2)ア・イ・オ(順不同)

(3)記号…イ　理由…(例)日本は島国のため，国土面積に対し海岸線が長いから。

解説

1 (1)南端の島にあたる**沖ノ鳥島**は満潮時には 2 つの小島を除いて海面下になる。すべて海面下になると広大な**排他的経済水域**を失うことになるので，日本政府は波による侵食を防ぐために，大規模な護岸工事を行った。

(2)地球は 24 時間で 1 回転(360 度)するので，360÷24＝15 で，**経度 15 度につき 1 時間の時差**が生じることになる。よって，2 地点間の経度差を 15 で割ると時差が判明する。日本は東半球，アメリカ合衆国は西半球に位置するため，それぞれの経度を足すことで経度差を求める。時差は(135＋75)÷15＝14 時間で，東半球にある日本の方が時間が進んでいるので，日本時間から時差分を引いたものがニューヨークの時刻となる。

2 (1) 200 海里は約 370 km である。

(2)**ウ**の排他的経済水域は，水域内の水産資源や鉱産資源は沿岸国のものになるが，主権はおよばない。**エ**の公海は各国が自由に航行できる海域である。

(3)排他的経済水域は，沿岸から 200 海里までの範囲から領海(12 海里)を引いた水域であるため，海岸線が長いほど，広くなる。日本は**離島**も多いため，さらに広い排他的経済水域を獲得している。

POINT 時差計算は，2 都市が東西で同じ半球に位置している場合は経度を引き，違う半球に位置している場合は経度を足して計算する。

3 世界のさまざまな地域 ①

本文 p.6

1 (1)W…ア　X…エ　Y…ウ　Z…イ
(2)(例)(冬の暖房の熱によって)永久凍土がとけ，住居が傾くことを防ぐ。

2 (1)ウ　　　(2)ア
(3)ライン川　(4)ア

解説

1 (1)Wは地中海に面するので，夏に乾燥し，冬に雨が多い**ア**の**地中海性気候**，Xは世界最大のサハラ砂漠付近にあるので，降水量のほとんどない**エ**の**砂漠気候**，Yは赤道付近にあるので，年中高温多雨の**ウ**の**熱帯雨林気候**，Zは南半球にあるので，6～8月が冬となり，冬に少雨，夏に多雨である**イ**の**温暖湿潤気候**となる。
(2)ヤクーツクなど冷帯(亜寒帯)の地域には，地下深くまで凍った永久凍土が広がっている。永久凍土の表面が熱でとけると，地面がどのようになるかを考える。

2 (1)アジアで赤道が通る国はインドネシアのみで，2つの大きな島の中央を横切る。
(2)経済特区のシェンチェン・アモイ・スワトウ・チューハイ・ハイナン島はすべて南部沿海部にあり，ホンコンや台湾の近くである。また，インドはイギリスから独立したため，英語が広く使用されている。
(3)ライン川や，黒海へ注ぐドナウ川は，各国の船舶の航行が自由な**国際河川**である。
(4)小麦は冷涼，乾燥の気候を好み，北部の**混合農業**地域や，**地中海式農業**地域で冬期に栽培される。他の農作物は，熱帯地域を中心に栽培される。

POINT　赤道や，北緯40度の緯線(イタリア，ペキン，秋田県，岩手県，ニューヨークなどが目印)の位置に注意する。

4 世界のさまざまな地域 ②

本文 p.8

1 (1)ウ
(2)(例)植民地支配を受けていたときの国の言語を使用しているため。

2 (1)ロッキー山脈
(2)ア
(3)P国…エ　Q国…ウ　R国…イ

3 a…イ　b…キ

解説

1 (2)ほとんどの国が植民地支配を受け，第二次世界大戦前の独立国は，エジプト，エチオピア，リベリアと，今日の南アフリカ共和国のみである。支配国により，民族や生活を無視した国境線が引かれたため，民族の対立(紛争)がおこることが少なくない。植民地時代につくられた，**プランテーション**でのカカオやコーヒー豆の栽培がさかん。

2 (1)西部には，4000m級の山々が連なるロッキー山脈が，東部には，2000m級の山々が連なる**アパラチア山脈**がある。
(2)小麦は，**プレーリー**を中心に，北部の春小麦地帯，南部の冬小麦地帯で栽培が行われている。大豆やとうもろこしは，小麦地帯の東部が中心，綿花は，その南部が中心である。また，五大湖沿岸での酪農，**グレートプレーンズ**を中心とした放牧，サンフランシスコなどでの地中海式農業も重要である。
(3)**ア**はサウジアラビアなどの，西アジアの石油産出国についてである。

3 **ア**はニュージーランドの先住民。オーストラリアとニュージーランドの国旗には，イギリスの国旗が取り入れられている。

POINT　アメリカ合衆国の農業地域，五大湖沿岸部やサンベルトに含まれる工業都市の位置，そこでの工業の種類に注意する。

サクッ！と入試対策 ①

本文 p.9

1 (1)①エ ②t ③温帯
   (2) a…ウ　b…経済特区
   (3)プランテーション

2 (1)(例) 自国の海岸線から<u>200 海里</u>で領海の外側の水域。
   (2)福島県

解説

1 (1)地図Ⅰの**メルカトル図法**は，角度が正しいため航海図に利用されるが，高緯度ほど面積が実際より拡大され，2 地点間の最短距離が曲線となる。地図Ⅱの**正距方位図法**は，中心と他の 1 点との距離と方位が正しく，最短距離が直線となるので航空図に利用されるが，周辺部ほど形や面積が不正確となる。
①A 国の位置を，地図Ⅱにあてはめて考える。
②地図Ⅱで，東京からもっとも遠いものを探す。

③日本と同緯度付近にあることから考える。
(2)インドは理数系教育がさかんであること，英語を話す人が多いこと，アメリカ合衆国との時差が 12 時間前後で業務の引き継ぎがしやすいことなどから ICT 関連産業が発展している。また中国の**経済特区**は税金を安くするなどの優遇措置がとられている。
(3)ヨーロッパ諸国やアメリカ合衆国が植民地とし，現地の豊富で安い労働力を使って，単一の商品作物を大規模に栽培し輸出した。

2 (1)排他的経済水域は EEZ とも呼ばれる。沿岸国に水産資源や鉱産資源の利用が認められているため，海洋・海底の資源の開発や探査，保存などが行われている。
(2)福島県に接する関東地方の県は，群馬県・栃木県・茨城県である。

POINT　メルカトル図法と正距方位図法の，それぞれで描かれた地図の，利用方法，長所，短所を，区別して正確に理解しておく。

サクッ！と入試対策 ②

本文 p.10

1 (例) **統合**により人口・GDP・貿易額を増やし，<u>大国のアメリカ合衆国に対抗する</u>(35 字)

2 (1)●…ウ　▲…イ　□…ア
   (2)地域…サンベルト　位置…ア

3 (1)ア　(2)エ
   (3)●…ウ　▲…ア　■…イ

解説

1 第一次世界大戦と第二次世界大戦でのヨーロッパの経済力低下に対して，アメリカ合衆国は大きく経済力を伸ばしたことや，戦争をおこさない協力体制をつくることなどが目的。

2 (1)原油は**メキシコ湾岸**，石炭は**アパラチア山脈**，鉄鉱石は五大湖岸のメサビを中心として産出する。

(2)シリコンバレーは，サンフランシスコ郊外に位置し，コンピュータ関連などのハイテク(先端技術)産業の企業，研究所が集中する地域。

3 (1)地図Ⅱにおいて，インドネシアを通る**イ**が赤道である。なお，オーストラリアのほぼ中央部を**南回帰線**が東西に通ること，**東経135 度**がほぼ中央部を南北に通ることも注意が必要である。
(2)ブラジルはとうもろこしの生産量が多く，輸出量は，ブラジルが世界第 1 位，アメリカ合衆国が第 2 位である(2019 年)。また，さとうきびの生産量と，そこから取れるさとうの輸出量は世界第 1 位である(2019 年)。
(3)石炭の産地は東部に多く，ボーキサイトは北部，金は南西部で多く産出。その他に，鉄鉱石が北西部，ウランは北部や南西部で多く産出。

POINT　世界の石炭，原油，鉄鉱石のおもな産出地や，米，小麦，綿花，とうもろこしの生産上位国を整理し，確認しておく。

5 地域調査, 日本の地域的特色 ①

本文 p.12

1 (1)フォッサマグナ

(2)リアス海岸

(3)鳥取…ウ　高松…イ

(4)(例)利根川は最上川より流れがゆるやかで, 流域面積が広い。

2 イ

解説

1 (1)糸魚川–静岡構造線を西端とする**フォッサマグナ**を境に地形は大きく異なり, 東北日本は南北に, 西南日本は東西に山地が連なる。自然だけでなく文化にも違いが見られる。

(2)Xは**若狭湾**。リアス海岸は他に**三陸海岸**や**志摩半島**などに見られ, 水深が深いために天然の良港となっている。波が穏やかで, 養殖を行うのに適しているが, **津波**が来た場合は被害が大きくなる。

(3)**日本海側の気候**の鳥取は冬の降水量が多い**ウ**, 中国山地と四国山地に囲まれた高松市は**瀬戸内の気候**で一年中降水量が少ない**イ**, 太平洋側の気候の高知市は年間を通して降水量が多く, 特に夏に雨が多い**ア**である。

(4)利根川も最上川も水源の標高に大きな差はないが, 日本三大急流の１つに数えられる最上川は上流から短い距離で大きな標高差を流れ下りているのがわかる。また, 日本一広い関東平野を流れる利根川は**流域面積日本一**である。流域面積とは降水がその河川に流れ込む範囲をさす。

2 日本は出生率の低下などに伴い, 急激に**少子化**が進行した。20歳未満の年齢層が総人口に占める割合に着目して並べ替える(**ウ→ア→イ→エ**)。

POINT　日本の気候区分は６つ。それぞれの気候の気温と降水量の特色を, 季節風や地形などの要因とともに整理しておく。

6 日本の地域的特色 ②

本文 p.14

1 (1)①北海道…ア　東北…ウ

関東…イ

②促成栽培

(2)栽培

(3)工業地帯名…中京工業地帯

記号…イ

2 (1)ハブ空港

(2)(例)(航空輸送では, 半導体等製造装置や通信機のような)重量の軽い(品目を輸送することがわかる。)

解説

1 (1)①九州とともに畜産の割合が高い**ア**は, 根釧台地や十勝平野で牛の飼育がさかんな北海道。米の割合が高い**ウ**は, 水田単作地帯で北陸とともに**日本の穀倉地帯**といわれる東北, 野菜の割合が高い**イ**は都市向けの野菜を供給する**近郊農業**がさかんな関東である。

(2)**排他的経済水域**の設定により, 自由に漁業が行える海域が大幅に減少し, 遠洋漁業の漁獲量は激減した。

(3)中京工業地帯は愛知県**豊田市**を中心に**自動車工業**がさかんであることから, グラフは機械工業の割合がもっとも高いものを選ぶ。**ア**は北九州工業地域, **ウ**は阪神工業地帯, **エ**は京浜工業地帯のグラフである。

2 (1)成田国際空港や関西国際空港などがハブ空港化を目ざしているが, 航空網の整備や着陸料など, さまざまな問題がある。

(2)航空機で輸送するものは他に, **集積回路**や医薬品, 草花など。小型・軽量・高価なものや新鮮さが要求されるものなどである。

POINT　工業地帯・工業地域の特色と工業生産額割合のグラフを結びつけるとともに貿易港の統計も整理しておく。

本文 p.16

1 (1)(例) 降水量が少ないので，農業用水を確保するためにため池をたくさんつくっている。

(2)阪神工業地帯…Ⅰ 化学…Y

(3)a…イ c…ア

(4)ウ

解説

1 (1)地図中Aの香川県に位置する讃岐平野では，干害対策として，古くからため池が多くつくられてきた。吉野川を水源とする香川用水が完成したことによって，近年，ため池の数は減少傾向にある。

(2)阪神工業地帯は戦前もっとも工業生産額が多かった工業地帯，瀬戸内工業地域は高度経済成長期に発展した工業地域である。1960年の工業製品出荷額の総額から，Ⅰが阪神工業

地帯であると判断できる。瀬戸内工業地域は岡山県倉敷市，山口県周南市，愛媛県新居浜市などに石油化学コンビナートが建設されたことから化学工業の割合が高くなっている。

(3)aの和歌山県はみかん・うめ・かきの生産が全国一であることからイ。ウは野菜の割合が高いことから，促成栽培のさかんなdの高知県とわかる。cの宮崎県は畜産がさかんであるが，畜産の割合が高いグラフはアとエがある。アが農業産出額が極端に多いことから宮崎県，エは米の割合が極端に低いことから，水不足に苦しむ沖縄県であると判断する。

(4)高度経済成長期に都心の過密を解消するために各地につくられたニュータウンは，現在，住民の高齢化が進んでおり，単独世帯が増加している。

POINT 統計問題を解く際は，目立つ数値をピックアップするとともに，どのような項目が取りあげられているのかを確認しておく。

本文 p.18

1 (1)ウ

(2)B県…エ C県…イ D県…ア

(3)ア

(4)(例) (やませが吹いて，)気温が上がらず，冷害がおこったから。

2 (1)記号…E 県名…静岡県

(2)記号…A 県名…福井県

(3)記号…D 県名…山梨県

解説

1 (1)戦後，ソ連が占領し，その後，ロシア連邦が不法占拠している島は択捉島・国後島・色丹島・歯舞群島(北方領土)で，択捉島は日本の最北端に位置し，本州，北海道，九州，四国に次ぐ面積を有する。なお，アの与那国島は沖縄県に属する日本最西端の島，イの沖

ノ鳥島は東京都に属する日本最南端の島，エの南鳥島は東京都に属する日本最東端の島である。

(3)Bは青森県，Dは群馬県，Eは神奈川県。グラフを比較すると，青森県は第一次産業割合が3つの中でもっとも高いイ，神奈川県は京浜工業地帯の構成県ではあるが，都心部に位置し，横浜みなとみらい21などの都市機能が整備されていることから，第三次産業割合がもっとも高いウ，群馬県は北関東工業地域の構成県であることから第二次産業割合がもっとも高いアとなる。

2 (1)製紙工業は富士市と富士宮市，オートバイは浜松市，楽器は磐田市で生産がさかん。

(2)眼鏡のフレーム生産の中心地は鯖江市。

(3)甲府盆地はぶどうとももの栽培がさかん。

POINT 東北地方の太平洋側に夏に冷害をもたらす「やませ」は頻出。メカニズムをしっかりと理解しておく。

サクッ！と入試対策 ③

本文 p.19

1 (1)太平洋ベルト

(2)阿蘇山（あそ）

(3)ウ

(4)エ

(5)(例)神奈川県や千葉県，埼玉県などから<u>通勤</u>や<u>通学</u>をする人々が東京23区に流入するから。

(6)秋田県…ア　熊本県…イ

解説

1 (2)**カルデラ**とは火山活動によってできたくぼ地（ぼ）で，阿蘇山は約350 km²と世界最大級の面積を誇っている（ほこ）。九州には，鹿児島県の桜島御岳（さくらじまおんたけ）や長崎県の雲仙岳（うんぜんだけ）など，活動の活発な火山が多い。それぞれの特色を整理し，その位置を地図帳で確認（かくにん）しておきたい。

(3)**ア**はアフリカや南アメリカで見られる**焼畑農業**，**イ**は宮崎平野や高知平野でさかんな**施設園芸農業**，**エ**はヨーロッパ南部で見られる**地中海式農業**の説明である。

(4)竿燈（かんとう）まつりは，青森県のねぶた祭，宮城県の仙台七夕（せんだいたなばた）まつり，山形県の山形花笠（はながさ）まつりとともに東北四大祭りとされる。なお，**ア**は青森県，**イ**は岩手県，**ウ**は山形県について述べた文である。

(6)冬の降水量が多い雨温図は**ア**と**エ**である。秋田市と札幌市（さっぽろ）が日本海に面しているが，札幌市は**冷帯（亜寒帯）**（あ）に属しており，梅雨（つゆ）の影響（えいきょう）も受けないことから，秋田市が**ア**，札幌市が**エ**と判断する。**イ**と**ウ**を比較（ひかく）し，熊本市の方が東京より南に位置するので，平均気温の高い**イ**を選ぶ。

POINT　東北地方の6県にはそれぞれ郷土色豊かな祭りや伝統的工芸品がある。郷土料理や民俗（みんぞく）行事も含（ふく）めて整理しておく。

サクッ！と入試対策 ④

本文 p.20

1 (1)①記号…ウ　県名…長野県

②ア

③エ

(2)(例)子どもが減って，<u>高齢者</u>が増えたことで，<u>富士山型</u>からつぼ型に変化した。

(3)エ

解説

1 (1)①フォッサマグナは日本列島を東日本と西日本に分ける溝状（みぞじょう）の地形で，西端（せいたん）は糸魚川（いといがわ）市（新潟県）と静岡市を結ぶ線上にあり，長野県は新潟県と静岡県の間に位置している。

②●が多く位置している東日本の太平洋側には，**三陸海岸**の沖合に好漁場となる**潮目（潮境）**（しおめ しおざかい）ができることなどから，八戸（はちのへ）・石巻（いしのまき）・銚子（ちょうし）など水揚（みずあ）げ量の多い漁港が点在している。火力発電所，人口が多い都市，乗降客数が多い空港は，**太平洋ベルト**に集中する。

③北陸地方は冬に雪が多く降り農業ができないため，古くから伝統産業が発達している。石川県の**伝統的工芸品**としては，**加賀友禅（かがゆうぜん）**や**輪島塗（わじまぬり）**，九谷焼などがある。なお，**ア**は中京工業地帯，**イ**は北九州工業地域，**ウ**は阪神（はんしん）工業地帯について述べた文である。

(3)明治（めいじ）時代に開拓（かいたく）された北海道は大規模農業がさかんであることから，農業就業者数に対し耕地面積が突出して広いcを選ぶ。次に，米の収穫量（しゅうかく）で北海道は新潟県に次いで2位（2020年）であるが，このグラフが地方別であることを考える。なお，aとxは東北地方，bとyは中国・四国地方である。

POINT　統計問題で自分が選んだ答え以外の選択肢（せんたくし）についても，何があてはまるかを考えることで，答えの精度を上げていく。

9 文明のおこりと日本のあけぼの

本文 p.22

1
(1) 写真…A　位置…t

(2) イ

(3) エ

(4) ① 邪馬台国　② ウ

(5) (例) 大和政権(大和朝廷)の勢力が関東地方にまで及んでいたこと。

解説

1 (1) 写真Aは**メソポタミア文明**(図中t)のくさび形文字，Bは**インダス文明**(図中u)のインダス文字，Cは**中国文明**(図中v)の甲骨文字，Dは**エジプト文明**(図中s)の象形文字である。

(2) Xは**仏教**，Yは**キリスト教**である。イスラム教を加えて，世界三大宗教といわれる。

(3) エの吉野ヶ里遺跡は佐賀県に位置する弥生時代の環濠集落の遺跡である。アの三内丸山遺跡は青森県に位置する縄文時代の遺跡，イの石見銀山遺跡は島根県に位置する戦国時代から江戸時代に最盛期を迎えた鉱山の遺跡，ウの岩宿遺跡は群馬県に位置する，日本で初めて打製石器が発見された旧石器時代の遺跡。

(4) 邪馬台国に関する記述は3世紀に書かれた『**魏志**』倭人伝に見られる。アの隋は6世紀末～7世紀初め，イの秦は紀元前3世紀，エの漢(前漢)は紀元前3世紀～紀元後1世紀初めの中国の王朝。

(5) 鉄剣に刻まれた**ワカタケル**は，5世紀末に在位した雄略天皇のことで，『**宋書**』倭国伝に記された倭王武ではないか，と考えられている。ワカタケルの文字が刻まれた鉄刀は熊本県江田船山古墳からも出土しており，九州地方にも力が及んでいたことがわかる。

[POINT] 中国の歴史書に書かれている日本の様子を整理し，小国分立から統一政権への移り変わりを理解しておく。

10 古代国家のあゆみ

本文 p.24

1
(1) a…聖徳太子　b…天武天皇
　　c…聖武天皇　d…紫式部

(2) イ

(3) 調

(4) ① 墾田永年私財法　② (例) 人口の増加によって，口分田が不足してきたため。

(5) 摂関政治

(6) イ

解説

1 (1) aの聖徳太子は厩戸皇子，厩戸王でも可。十七条の憲法以外に**冠位十二階**，**遣隋使**の派遣，**法隆寺**の建立などがおもな業績。bの天武天皇は天智天皇の弟である大海人皇子で，天智天皇の息子である大友皇子に壬申の乱で勝利し即位した。cの聖武天皇は741年に**国分寺**・国分尼寺の建立を命じている。

(3) 資料の荷札を木簡という。木簡に「かつお」という文字が見えることから，特産物を運んでいると判断する。

(5) 藤原氏は娘を天皇のきさきとし，生まれた子どもを天皇の位につけて，天皇が幼いときには**摂政**，成人してからは**関白**として天皇の政治を補佐する形で政治権力を握った。11世紀初期の**藤原道長**・**頼通**親子のころに摂関政治は最盛期を迎えた。

(6) 紫式部が『**源氏物語**』を著したのは平安時代中期で，平等院鳳凰堂を建立した頼通のころである。アの天台宗・真言宗が伝えられたのは平安時代初期，ウの一向一揆は室町時代，エの法隆寺が建立されたのは飛鳥時代である。

[POINT] 税は口分田に対して租(稲)を負担。成年男子には兵役・労役や調(特産物)・庸(布)などが課せられていた。

11 武家政治の成立と展開

本文 p.26

1
(1)イ→ウ→ア
(2)X…イ　Y…ウ　Z…エ
(3)エ
(4)①勘合貿易　②(例)倭寇ではなく,
　正式な貿易船であること。
(5)ア

解説

1 (1)アの平清盛が太政大臣に任じられたのは
1167年,イの平将門の乱は935〜940年,藤
原純友の乱は939〜941年,ウの保元の乱は
1156年,平治の乱は1159年のできごとであ
る。
(2)源氏の勢力基盤は東国にあり,後鳥羽上皇の
北条義時追討命令に応じたのは,おもに西国
の武士たちだった。上皇側の敗北後,幕府は
上皇側についた貴族や武士の荘園を取り上げ

て,東国の御家人を地頭に任命し,支配を固
めた。また,朝廷や西国を監視するために,
京都に六波羅探題を設置した。
(3)鎌倉時代の御家人は,分割相続によって生活
が苦しくなっていた。御家人は元寇での恩賞
を期待していたが,恩賞は十分ではなかった。
御家人救済のための徳政令がエであるが,効
果は上がらなかった。なお,アの大宰府は
飛鳥時代に置かれた機関,イは豊臣秀吉が出
した刀狩令,ウは江戸幕府が大名統制のため
に制定した武家諸法度である。
(4)日明(勘合)貿易は,足利義満が始めた朝貢形
式の貿易である。この貿易によって大量の銅
銭が輸入され,日本に貨幣経済が浸透した。
(5)イは平安時代後期,ウは平安時代初期,エは
平安時代中期の文化について述べている。

POINT　鎌倉幕府と室町幕府の政治や経済の
しくみについて,その違いがわかるように整理
しておく。

12 ヨーロッパ人の来航と全国統一

本文 p.28

1
(1)ウ
(2)X…キ　Y…オ　Z…イ
(3)①石高
　②(例)武士と農民の身分の区別が
　　明確化し
　③ア

解説

1 (1)15世紀末,羅針盤が実用化され,航海術
も進歩したことから,直接,香辛料を入手す
るために航路を開拓する動きが始まった。ア
はコロンブスが開いた西インド諸島への航路,
イは世界一周を達成したマゼラン船隊の航路
の一部で,船隊はこの後,南アメリカ大陸の
南端を通って太平洋に出た。エは当時,イス
ラム教国であるオスマン帝国の支配地を通る
うえ,地中海と紅海を結ぶスエズ運河は存在

していないので,航路としては成立しない。
(2)X…インカ帝国以外にも,現在のメキシコに
はアステカ王国が栄えていたが,いずれもス
ペインによって滅ぼされた。Y…新大陸での
労働力不足は奴隷貿易を助長し,大西洋の三
角貿易がさかんになった。Z…このころヨー
ロッパでは,宗教改革がおこった。カトリッ
ク教会でもイエズス会などの組織が生まれ,
信者獲得のため海外布教を熱心に行った。
(3)①豊臣秀吉は,検地を行うにあたって,ます
とものさしの統一基準を設けた。
②兵農分離が進み,身分に応じた職業で生活
する身分制社会が確立した。
③長崎がイエズス会に寄進されていることを
知り,スペイン・ポルトガルによる侵略を警
戒して,バテレン追放令を出した。

POINT　織田信長・豊臣秀吉・徳川家康の宗
教政策や外交政策は頻出であるので,対比させ
て整理しておく。

サクッ！と入試対策 ⑤

本文 p.29

1 (1)A…調　B…惣

(2)ア・ウ(順不同)

(3)ウ

(4)聖武天皇

(5)(例)わかりやすく，実践しやすかったから。

(6)イ

解説

1 (1)律令制度の下で成人男子が負担した調は，絹や糸，麻，海産物といったその地の特産品を納めるもの。庸とともに都に運ばれ，朝廷の役人の給与など財源にあてられた。

(2)アの銅鐸は青銅器の1つで，祭りのときに使われたのではないかと考えられている。ウは石包丁で，稲刈りの際に使用された磨製石器

である。なお，イは土偶，エは縄文土器でいずれも縄文時代に使われた。

(3)アは『漢書』地理志，イは『後漢書』東夷伝，ウは『魏志』倭人伝，エは『宋書』倭国伝にそれぞれ記載がある内容である。資料は魏・呉・蜀の3つの国の名が見えることから，ウを選ぶ。

(4)天然痘が流行し，政治的にも不安定な状況が続いていたため，聖武天皇は大仏をつくることを命じた2年前(741年)に，国ごとに国分寺を建立することを命じており，東大寺はその総国分寺としての位置づけであった。

(6)鎌倉時代に近畿地方で始まった二毛作は，室町時代には日本各地に広まった。bの備中ぐわや千歯こきは江戸時代に改良された農具である。

POINT 鎌倉新仏教としては，念仏を唱える浄土宗・浄土真宗・時宗，題目を唱える日蓮宗(法華宗)，座禅によって悟りを開く禅宗がある。

サクッ！と入試対策 ⑥

本文 p.30

1 (1)ア

(2)(例)娘を天皇のきさきとし，その子どもを次の天皇にすることで関係を深めた。

(3)ウ

(4)御成敗式目(貞永式目)

(5)後鳥羽上皇

(6)ア

解説

1 Aは推古天皇(飛鳥時代)，Bは紫式部(平安時代)，Cは北条政子(鎌倉時代)，Dは出雲の阿国(安土桃山時代)に関する文である。

(1)アは広隆寺の弥勒菩薩像である。なお，イは中尊寺金色堂の阿弥陀三尊像(国風文化)，ウは東大寺の大仏(天平文化)，エは東大寺南大

門の金剛力士像(鎌倉文化)である。

(2)藤原道長は4人の娘を天皇のきさきとし，摂政として栄華を極めた。

(3)アの『平家物語』は琵琶法師によって語られた鎌倉時代の軍記物，イの『枕草子』は『源氏物語』と同時期に清少納言によって著された随筆，エの『万葉集』は奈良時代の和歌集である。

(4)1232年に鎌倉幕府3代執権北条泰時によって制定された御成敗式目は，武家の根本法として長く重んじられた。

(5)後鳥羽上皇は承久の乱後，隠岐(島根県)に流された。

(6)イは江戸時代前期の元禄文化，ウは室町時代後期の東山文化，エは江戸時代後期の化政文化の特徴である。

POINT 大問のテーマに女性が取りあげられることは多い。卑弥呼・津田梅子・平塚らいてう・与謝野晶子なども，その業績をまとめておく。

13 江戸幕府の成立と展開

1 (1)イ

(2)千歯こき

(3)(例)一揆の首謀者をわからないようにするため。

(4)記号…ア　語句…寛政の改革

2 (1)歌川広重

(2)ウ

解説

1 (1)資料Ⅰは1615年に制定された**武家諸法度**で、この法度に違反した大名は厳しい処分を受けた。1635年には3代将軍**徳川家光**が**参勤交代**を制度として追加し、大名の大きな経済的負担となった。なお、天皇や公家に対しては禁中並公家諸法度が定められていた。

(2)江戸時代には新田開発が積極的に行われ、耕地が大幅に拡大するとともに、農作業の効率を上げるために、農具の改良が行われた。脱穀を行う千歯こき以外にも、深く耕すための備中ぐわ、選別のための千石どおしなどがある。

(4)**享保の改革**は、18世紀前半に8代将軍**徳川吉宗**が行った改革である。また、株仲間の解散を行った老中**水野忠邦**の改革を**天保の改革**という。

2 (1)浮世絵師としては、富士山をテーマにした風景画で有名な**葛飾北斎**や、美人画で有名な**喜多川歌麿**なども覚えておきたい。

(2)長州藩や土佐藩は紙、薩摩藩は砂糖の専売を行い、財政再建に成功した。なお、**ア**の楽市・楽座は織田信長の政策、**イ**の上米の制は徳川吉宗の享保の改革の政策である。

> **POINT**　質素・倹約を重視した三大改革と田沼意次の積極的な財政改革について、その内容や取り組んだ時期を整理しておく。

---

14 欧米の近代化と日本の開国

本文 p.34

1 (1)①エ　②エ　③(例)これまでの異国船打払令をやめ、外国船に水や燃料を与えるようにした。

(2)①イ　②イ→ア→ウ　③ウ

解説

1 (1)①**ア**の名誉革命では国王は処刑されず、追放された。国王が処刑されたのはピューリタン(清教徒)革命である。**イ**の人権宣言は**フランス革命**で発表された文書である。**ウ**のアメリカ独立戦争はイギリスに対しておこされた戦争である。

②外国船が近海に頻繁に現れるようになったのは19世紀。**ア**の**太平天国の乱**は清朝の中国で、漢族の国をつくろうとおきた反乱、**イ**の**インド大反乱**はインドの兵士がイギリス人の上官に対しておこした反乱が全土に広がったもの、**ウ**の**アヘン戦争**はイギリスの中国へのアヘン持ち込みを清政府が取り締まったことをきっかけにおきた戦争で、いずれも19世紀中期におきている。**エ**の**辛亥革命**は孫文が指導し、清を倒して中華民国を建国した革命であるが、20世紀のできごとである。

③異国船打払令は1825年に定められた法令で、オランダ船と中国船以外の外国船が日本に近づいた場合、理由を問わずに撃退せよというものであったが、幕府はアヘン戦争で中国(清)が敗北したことを知り、外国船を打ち払うことは困難であると判断した。

(2)①浦賀は神奈川県の三浦半島に位置する。

②**ア**の大老**井伊直弼**による安政の大獄は1858〜59年、**イ**のハリスの下田着任は1856年、**ウ**の薩長同盟は1866年に成立した。

> **POINT**　日本が欧米と結んだ条約の不平等な内容を理解し、大政奉還までの流れを整理しておく。

本文 p.36

1 (1)X…地価　Y…現金
(2)工場名…富岡製糸場　位置…イ
(3)イ→ウ→ア

2 (1)a…ウ　b…エ　c…ア　d…イ
(2)(例)国民に大きな負担を強いたにもかかわらず，賠償金が取れなかったから。

解説

1 (1)それまでの税は米による物納であったが，その年の収穫高や米価によって税収が大きく変動するうえ，換金する必要があった。課税対象を地価とし，現金で納めさせることによって財政は安定したが，各地で**地租改正反対一揆**がおきたため，政府は1877年に税率を3％から2.5％に引き下げた。

(2)フランスの技術指導を受けて，群馬県に建設された。工女はおもに旧士族の娘だった。
(3)**ア**の第1回帝国議会の開会は1890年，**イ**の内閣制度がつくられたのは1885年(初代内閣総理大臣は伊藤博文)，**ウ**の大日本帝国憲法の発布は1889年である。

2 (1)領事裁判権撤廃と日清戦争の講和条約である**下関条約**締結には当時の外務大臣である**陸奥宗光**が関わっている。下関条約で獲得した**遼東半島**は，ロシア・ドイツ・フランスから清への返還を要求され，日本は清に遼東半島を返還した。ロシアの南下政策を牽制するために**日英同盟**が結ばれたのは1902年。日露戦争の講和条約である**ポーツマス条約**締結にあたったのは小村寿太郎で，1911年の関税自主権の完全回復も小村寿太郎の業績である。

POINT　日清・日露の2つの戦争と条約改正は関連性をもっているので，対比させながら特徴をつかんでおく。

16　第一次世界大戦と世界の動き

本文 p.38

1 (1)X…イ　Y…ウ
(2)平塚らいてう
(3)(例)シベリア出兵を見こして，米の買い占めが行われたから。
(4)原敬
(5)ア
(6)満25歳以上のすべての男子

解説

1 (1)イギリス・フランス・ロシアは**三国協商**，ドイツ・オーストリア・イタリアは**三国同盟**を結び，アジアやアフリカでの植民地の拡大などで対立した。日本は三国協商側のイギリスと同盟を結んでいたため，ドイツに宣戦布告し，連合国側として参戦した。

(2)労働争議や小作争議，明治から続く部落差別からの解放を目ざす全国水平社の設立など，社会運動が高まっていた。
(3)シベリア出兵はアメリカ・イギリス・フランス・日本がおこした**ロシア革命**に対する干渉戦争で，日本軍が米を確保することを見こしての買い占めであった。
(4)原敬は当時，衆議院の第一党であった**立憲政友会**の党首であった。その内閣は，陸軍大臣・海軍大臣・外務大臣以外の閣僚を立憲政友会の党員が占めていた。
(5)国際連盟の設立を提唱したのはアメリカ大統領のウィルソンであったが，議会の反対にあい，アメリカは国際連盟に参加しなかった。
(6)選挙権の拡大によって共産主義者らの政治的影響力が強まるのを恐れ，同時に治安維持法を成立させている。

POINT　選挙権を与えられる要件の変化(年齢・性別・納税額・改正年・有権者の人口に占める割合)を整理しておく。

チオピア侵略を行った。

(2) 1940年，日本はドイツ・イタリアと日独伊三国同盟を結んでいる。図中の点線は日本を経済的に封じ込めようとしたＡＢＣＤ包囲陣を表しており，ＡＢＣＤはそれぞれ国の頭文字である。日本はソ連とは太平洋戦争直前の1941年に日ソ中立条約を結んでいる。

(3) 地主のもつ小作地を政府が強制的に買い上げ，小作農に安価に売り渡すことで，これまでの地主制度を廃止し，農村内の貧富の差を小さくし，平等化しようとした。

(4) アの沖縄返還は1972年，イの日韓基本条約は1965年でどちらも佐藤栄作内閣，ウの日中平和友好条約は1978年で福田赳夫内閣，エの日ソ共同宣言は1956年で鳩山一郎内閣の業績である。

POINT それまで拒否権を発動して反対していたソ連と日ソ共同宣言を締結したことで，日本の国際連合加盟への道が開けた。

｜７ 第二次世界大戦と戦後の世界

本文 p.40

１ (1) ア
(2) Ｘ…ウ　Ｙ…イ
(3) (例) 小作農家の割合を減らして，自作農家の割合を増やすこと。
(4) エ→イ→ア→ウ
(5) ウ

解　説

１ (1) ソ連は共産主義体制を取っており，世界恐慌の前年から重工業の増強と農業の集団化を図る「五か年計画」を始めていた。イは世界各地に植民地を保有していたイギリスやフランスの政策，ウはアメリカのローズベルト大統領が取った政策である。これに対し，広大な植民地や豊富な資金をもたなかったドイツやイタリアは民主主義を否定し，国家を重視するファシズムを取り，イタリアはエのエ

板垣退助が自由党を，大隈重信が立憲改進党を結成し党首となった。

(3) 1925年，政府は普通選挙法と同時に，社会主義運動や労働運動を取り締まる治安維持法を制定している。

(4) 1929年にニューヨークでの株の大暴落が原因となっておこった世界恐慌は，それ以前から不景気にあえいでいた日本の経済状況をさらに悪化させた。Ｘの1932年におきた五・一五事件(海軍の青年将校らによる犬養毅首相暗殺事件)で政党政治が終わり，Ｙの1936年におきた二・二六事件(陸軍の青年将校によるクーデター)後，軍部はさらに発言力を強めて1937年に日中戦争をおこし，長期化する戦争を維持するために1938年にＺの国家総動員法が制定された。

POINT 世界恐慌から太平洋戦争までのできごとの並べ替え問題に対応できるよう，流れをしっかりと把握しておく。

サクッ！と入試対策 ⑦

本文 p.41

１ (1) イ
(2) 国会(議会)
(3) (例) 税額の制限がなくなり，満25歳以上のすべての男子に選挙権が与えられるようになったから。
(4) Ｚ…b　Ｙ…ア

解　説

１ (1) 水野忠邦の政治改革を天保の改革という。質素・倹約を重視したこの改革はわずか2年余りで失敗に終わったが，アヘン戦争での中国の敗北を知り，天保の薪水給与令を出している。アは上米の制で徳川吉宗の享保の改革，ウは5代将軍徳川綱吉の政策，エは老中田沼意次の経済政策である。
(2) 自由民権運動は板垣退助らが中心となって展開した。1881年の国会開設の勅諭が出ると，

サクッ！と入試対策 ⑧

本文 p.42

1 (例) 総石高が増加し続けていることから，1haあたりの収穫量が増加している。

2 (1) ウ→ア→イ→エ
　(2) ア・エ (順不同)
　(3) C
　(4) 疎開 (集団疎開・学童疎開)

解説

1 江戸幕府や各藩が**新田開発**を奨励し，17世紀には急速に耕地が増加したが，18世紀中期に残っているのは沼地や台地などの開発困難区域となり，耕地総面積は増加しなくなった。このころから干鰯や油かすなどの肥料の使用，千歯こきや備中ぐわといった改良された農具の普及など，農業技術が急速に進歩し，単位面積あたりの収穫量が向上した。

2 (1) **ア**の甲午農民戦争は1894年におきた日清戦争のきっかけとなった朝鮮国内の内乱，**イ**の三国干渉は1895年に日清戦争の講和条約で日本が清から獲得した**遼東半島**を，ロシア・ドイツ・フランスが清に返還するよう要求した事件，**ウ**の江華島事件は1875年におきた日本と朝鮮の武力衝突事件で，翌年に**日朝修好条規**を締結するきっかけとなった。**エ**の日英同盟は1902年にロシアの南下政策に対抗するために結んだ同盟である。

(2) **イ**の条約改正交渉は明治時代，**ウ**の奴隷解放運動は日本の幕末にあたる時期のできごと。

(3) 満州事変をきっかけに建国された満州国が国際連盟で承認されなかったことから，日本は国際連盟を脱退した。

> **POINT** 明治以降の対外戦争の原因となる事件，戦後に結ばれた条約の内容などを混同しないように整理しておく。

---

18 現代社会，人権思想の発達

本文 p.44

1 (1) グローバル化
　(2) a…エ　b…ウ　c…イ
　(3) (例) 県内の人は高い参加料を払わねばならない点。

2 (1) a…ロック　b…モンテスキュー
　(2) (フランス) 人権宣言　(3) ルソー
　(4) イ→ア→ウ

解説

1 (1) **グローバル化**により，国家間や企業間の技術などの国際競争が高まり，その結果，得意分野での生産を行って輸出し，他のものは輸入するという国際分業が進む。また，多くの国の人々が交流するため，**多文化共生社会**となっていく。

(3) 県外の人を半額にすると，県外の来場者は増えるかもしれないが，県内の人は，高い参加料を払わされるため不利益を被り不公平感を感じる。そのため，県内の来場者が減る恐れがある。

2 (1) a…**ロック**は『**統治二論**』(『**市民政府二論**』) で，人民主権を説いた。さらに，政府は契約によって権力を任されているだけであるので，権力の不当な行使に対し，人民は抵抗する権利 (抵抗権) があることを主張した。
b…**モンテスキュー**は『**法の精神**』で，三権の権力間の抑制と均衡により，権力の濫用を防ぐことを説いた。

(4) **イ** (1789年) → **ア** (1919年) → **ウ** (1948年)。**ア**の第151条「経済生活の秩序は，……人間に値する生存を保障する……」は，頻出の文章であり，注意が必要である。

> **POINT** ロック，モンテスキュー，ルソーの著作と，そこで述べられている思想は頻出であるので，正確な理解と区分が必要である。

19

日本国憲法と人権

本文 p.46

1 (1)主権

(2)(例)法律で制限できる。

(3)a…ウ　b…天皇

2 (1)自由権…ウ　平等権…イ
社会権…ア

(2)a…健康　b…最低限度

(3)ウ

解　説

1 (1)憲法制定の目的や基本原理などを示した
ものが前文であり，「ここに**主権**が国民に存
することを宣言し」とある。また，天皇の地
位を示した第1条でも「天皇は，日本国の**象
徴**であり…この地位は，**主権**の存する日本国
民の総意に基く」とある。

(2)ドイツ憲法を手本に起草した大日本帝国憲法

下では，国民は臣民（天皇に仕える者）とされ
た。また人権は，天皇から恩恵的に与えられ
たもので，法律の範囲内で認められており，
法律により制限，変更することができた。

(3)憲法改正の発議には，各議院の**総議員の3分
の2以上**の賛成が必要であり，発議を難しく
している。その後，国民投票で有効投票数の
過半数の賛成が必要となっている。改正が成
立すると，天皇が**国事行為**として公布する。

2 (1)**ウ**は自由権のうちの，経済活動の自由に
含まれる。**イ**は憲法第14条の，法の下の平
等（法律上の権利や義務において平等）に基づ
く。**ア**は第26条に基づく。

(3)新しい人権は，憲法第13条の幸福追求権，
第25条の生存権に基づく。**ア**は社会権，**イ**
は請求権，**エ**は参政権である。

POINT　自由権の3つの区分，社会権に含ま
れるものの判別や，前文・第1条・7条・9
条・11条・13条・14条・25条などに注意。

20

民主政治，国会・内閣

本文 p.48

1 (1)X…最高　Y…立法

(2)満30歳以上

(3)A…エ　B…オ　C…イ

(4)(例)参議院と比べると任期が短く
解散もあり，国民の意思（世論）を
反映しやすいから。

2 (1)a…ア　b…オ

(2)イ・エ（順不同）

解　説

1 (1)憲法第41条に規定されている。

(2)被選挙権は，参議院議員と都道府県知事が**満
30歳以上**，衆議院議員と市（区）町村長，地
方議会（都道府県議会，市〈区〉町村議会）議員
が**満25歳以上**である。選挙権は満18歳以上。

(3)**ア**は政府の方針を決定するために，内閣総理

大臣と国務大臣が出席して開催される，全会
一致の会議である。**ウ**は国会の種類の1つで，
内閣が必要としたとき，または，いずれかの
議院の総議員の**4分の1以上**の要求があった
ときに召集されるものである。

2 (1)a…内閣総理大臣は，必ず国会議員でな
ければならず，衆議院議員，参議院議員は問
われない。しかし，指名に関しては**衆議院の
優越**が適用されるため，これまでの内閣総理
大臣は衆議院議員である。また，内閣総理大
臣と国務大臣は，**文民**（職業軍人の経験のな
い人）でなければならない。

(2)最高裁判所長官の任命は，天皇が行う。また，
内閣は，外交関係の処理，政令の制定，最高裁
判所長官以外の裁判官の任命も行う。**ア**は国
会，**ウ**は両議院から選出された裁判員が行う。

POINT　衆議院と参議院の違い，国会の種類
と仕事，衆議院の優越事項とその手続きなど，
内閣の仕事と議院内閣制を理解しておく。

21 裁判所・三権分立，地方自治

1 (1)X…検察官　記号…ウ
(2)三審制（さんしんせい）
(3)(例)基本的人権を守る

2 a…ウ　b…エ　c…ア

3 (1)リコール　(2)直接請求権（せいきゅうけん）
(3)a…条例　b…選挙管理委員会

解説

1 (1)罪（つみ）を犯（おか）した疑（うたが）いのある者（被疑者（ひぎしゃ））を，刑罰（けいばつ）を求めて裁判所に訴（うった）える(起訴（きそ）)のは，**検察官**である。また，6名の裁判員が参加する**裁判員制度**で裁判が行われるのは，重大な犯罪の容疑のある裁判を行う，地方裁判所を第一審とする刑事裁判のみである。
(3)特に刑事裁判の場合は，誤った判決により無実の被告人に刑罰を科すえん**罪（ざい）**を防ぐためにも，慎重（しんちょう）な裁判が求められる。

2 イは国会がもつ国の政治を調査するための権限，オは天皇の国事行為（こうい）である。

3 (1)地方自治の用語として，この他に**イニシアチブ**(条例の制定や改廃（かいはい）を求める)，**オンブズマン(オンブズパーソン)制度**(住民による行政監察（かんさつ）制度)，**住民投票**(法的な拘束力（こうそくりょく）をもつ場合ともたない場合がある)，専決処分(首長が議会に代わり処理する)，拒否権（きょひ）(首長が議会の議決を拒否する権利で再議権ともいう)などがある。
(3)首長，議員，議会など，選挙により選出された人物(組織)に関する直接請求を行う場合に必要な署名数は有権者の3分の1以上で，選挙管理委員会へ請求する。その他の事項（じこう）については50分の1以上で，監査は監査委員，条例の制定や改廃は首長に請求する。

> POINT　三権の抑制（よくせい）と均衡（きんこう）関係を示す図は頻出（ひんしゅつ）であり，矢印の向きと内容を正確に理解しておく。

---

22 経済のしくみとはたらき

1 (1)製造物責任法（PL法）
(2)X…配当(配当金)
　　Y…株主総会
(3)(例)価格が不当に高くなる。
(4)エ

2 (1)ウ
(2)A…公開市場　B…ア　C…ウ

解説

1 (1)商品の欠陥（けっかん）で消費者が被害（ひがい）を受けた場合に，製造者側に故意や過失がなくとも，製造者に賠償（ばいしょう）責任を負わせる法律である。
(2)**株主総会**で株主は，1単位株につき1票の議決権がある。また，株主総会では，実際の経営にあたる取締役（とりしまりやく）などが選出される。
(3)少数の企業が市場を支配することを**寡占（かせん）**，1社が支配することを**独占（どくせん）**という。
(4)価格が高くなるほど数量が減少するUは，需要量（じゅようりょう）を表している。供給量は，価格が高くなるほど利潤（りじゅん）が増えるので，増加する。独占価格は，独占状態時に設定される価格である。

2 (1)**中央銀行**とは，各国での金融制度（きんゆう）の中心となる銀行である。アは政府の資金の出し入れを行う日本銀行の役割，イは銀行との間で資金の出し入れを行う日本銀行の役割，エは街中にある銀行のことである。
(2)**金融政策**の中心は，銀行などとの間で，国債（こくさい）などを売買する**公開市場操作**である。不景気時には「買う」ことで市場の資金量を増やし，好景気時には「売る」ことで市場の資金量を減らす操作を行い，景気や物価の安定を図（はか）ろうとする。

> POINT　日本銀行が行う金融政策の中心である公開市場操作の，「売る」と「買う」を，市場の資金量との関係で正確に理解しておく。

23 国民生活と福祉

本文 p.54

1 (1)①ウ

②(例)所得が増えるほど税率が高くなる。

(2)X…イ　Y…ア

(3)a…イ　b…ウ

2 (1)ウ

(2)s…イ　t…ウ

（ 解 説 ）

1 (1)①**間接税**とは，税を納める者(納税者)と税を実際に負担する者(担税者)が異なる税である。その反対が**直接税**であり，**ア・イ**と相続税があてはまる。**エ**は国債発行で得た資金であり，税ではない。

②「**税率**」が変わることに注意する。

(2)高齢社会のため，**イ**の費用が最多となってい

る。また，国債の購入者に元金と利子をつけて返済するための**ア**も，不況などの影響もあり，多額となっている。

(3)景気が悪いとき，政府は減税により国民のもつお金を増やし，公共投資の増加で仕事量を増やし，国民の所得を増やそうとする。

2 (1)**リサイクル**(再生利用)を示すラベルであり，**リデュース**(ごみの減量)や**リユース**(再使用)とともに**3R**と呼ばれる。

(2)1ドル=100円から1ドル=120円になると，1ドルを購入するのに，それまでよりもより多くの円を支払わねばならず，円の価値が下がった円安となる。それまでは5万ドルの商品に500万円を支払っていたのが，600万円支払わねばならなくなり，輸入品の価格が高くなるので，輸入は減る傾向となる。

POINT　直接税と間接税，歳入と歳出に含まれるものの区分に注意する。円高と円安は，数値の増減に惑わされないように注意する。

24 国際社会と世界平和

本文 p.56

1 (1)安全保障理事会

(2)(例)ロシアと中国が拒否権を使ったから。

(3)国際司法裁判所　　(4)イ

(5)南北問題

2 (1)ウ

(2)(例)紛争などにより，住んでいた国や土地を離れざるをえなくなった人々。

（ 解 説 ）

1 (1)平和維持に関する国際連合の中心機関。

(2)常任理事国の，アメリカ・イギリス・フランス・中国・ロシアの各国には，1国でも決議案に反対すると，その決議案は議決できないという権限である**拒否権**が与えられている。

(3)**国際司法裁判所**は，関係する相互の国の訴えがないと，裁判を開始できない。

(4)**ア**は国連児童基金で，発展途上国の児童へ支援を行う機関，**ウ**は**国連平和維持活動**で，紛争地域での平和維持を目ざす活動，**エ**は**政府開発援助**で，先進国の政府が発展途上国に資金や技術などを援助することである。

2 (1)**ア**はインド・パキスタン・南スーダン・イスラエルが加盟していない。**イ**の人間の安全保障とは，人間一人ひとりに着目し，人々の生命や人権を守るという考え方。**エ**は，アメリカ合衆国とソ連の対立により生じた秩序が，冷戦の終結によってくずれたため，多くの地域で紛争がおこるようになった。

(2)シリア難民はトルコなど，アフガニスタン難民はパキスタンなどへ逃れている。

POINT　国際連合の安全保障理事会の常任理事国や拒否権，各専門機関の略称とはたらきは，区分して理解しておく。

サクッ！と入試対策 ⑨

本文 p.57

1 (1) X…国民主権　Y…個人
(2) イ
(3) (例) 10 日以内に衆議院を解散しな
いかぎり総辞職を (22 字)
(4) 弾劾裁判
(5) A…ア　B…地方債
(6) イ・ウ (順不同)
(7) ① 満 18 歳以上　② 普通選挙

解　説

1 (1) 憲法第 13 条は，さらに「生命，自由及び幸福追求に対する国民の権利については，**公共の福祉**に反しない限り，立法その他の国政の上で，最大の尊重を必要とする。」と続き，公共の福祉による権利の制限と，新しい人権の根拠となる**幸福追求権** (憲法第 25 条の**生存権**も根拠) についても述べている。

(2) **ア**は生存権，**ウ**は国家賠償請求権，**エ**は国民の義務について述べている。

(4) 弾劾裁判は裁判官を裁くもので，国会に**弾劾裁判所**が設置される。なお，裁判官は，心身の故障による場合も辞めさせられる。

(5) **ア**は義務教育や道路などの整備費用を国が一部負担するもので，使い道が指定されている。**イ**は格差是正のためのものであり，使い道は指定されていない。

(6) 直接請求後の住民投票や，条例による住民投票が行われているので，**ア**は誤り。地方分権を推進するために地方分権一括法が 2000 年から施行されており，国がもつ権限を地方に移しているので，**エ**も誤りである。

(7) ② 普通選挙の他に，平等選挙，直接選挙，秘密選挙も，民主的な選挙には重要である。

POINT　自由権や社会権などの基本的人権，三権分立の抑制と均衡の関係，直接請求権を中心とする地方自治を整理，確認しておく。

サクッ！と入試対策 ⑩

本文 p.58

1 (1) 1　(2) イ　(3) ① ア　② エ
(4) (例) 宿泊しようとする人数 (需要量) は曜日によって増減があるから。
2 (1) X…イ　Y…ウ　(2) 公的扶助
(3) 男女雇用機会均等法　(4) イ

解　説

1 (1) 労働の最低基準を定めている**労働基準法**では，1 日 8 時間以内の労働であるので，勤務時間から 8 時間を引けばよい。

(2) **ア**は環太平洋経済協力会議，**イ**は東南アジア諸国連合，**ウ**は石油輸出国機構，**エ**は米国・メキシコ・カナダ協定である。**イ**には，東ティモールを除く東南アジア 10 か国が加盟している。

(3) 関税は商品の輸入者が国へ納め，消費者が負担する間接税である。

(4) 土曜日は翌日が日曜日であるため，特に宿泊者が多く，宿泊者は他の曜日よりも価格が高くても宿泊することが予想される。

2 (1) 好況時は，市場に資金がより多く出回るため，物価上昇の恐れもある。そのため政府は**財政政策**で，市場の資金量を減らそうとする。

(2) **公的扶助**は，現在，くらしに困っている人々に生活・教育・住宅・医療などへ資金の援助を行うものである。

(3) 1979 年に国際連合で，**女子差別撤廃条約**が採択され，日本も法律の整備が必要となり，男女雇用機会均等法が制定された。

(4) **ア**は国連児童基金，**イ**は国連難民高等弁務官事務所，**ウ**は国連貿易開発会議 (南北問題を扱う)，**エ**は国連教育科学文化機関の略称である。

POINT　税金の種類，需要と供給，財政政策と金融政策，社会保障制度，国際連合，円高と円安などの内容を整理し，理解しておく。

1 (1) q 　(2) エ 　(3) ウ
(4) (例) 乾燥しているため，農地に水を多量にまかねばならないから。
(5) ① ヒスパニック
② (例) 高齢者の割合が小さく，年少者の割合が大きい。

2 (1) Ⅰ…天武 　Ⅱ…平城
(2) (例) 遣唐使がもたらした国際色豊かな文化。
(3) ア 　(4) 倭寇 　(5) 銀 　(6) ウ
(7) アヘン戦争

3 (1) ① イ 　② ⅰ…ワイマール憲法
ⅱ…イ・エ (順不同)
(2) インフォームド-コンセント
(3) ① 国民審査 　② D…オ 　E…ア
③ (例) 国の最高法規と位置づけられているから。

4 (1) ① ウ→エ→ア→イ 　② 室町
(2) ① イ 　② カ 　③ ス 　(3) かなざわ
(4) ① ア 　② ク

解 説

1 (1) p は南緯 40 度，q は北緯 40 度，r は北緯 15 度，s は北緯 30 度である。北緯 40 度は，日本では秋田県や岩手県を通る。

(2) A国はオーストラリア，B国はフランス，C国はサウジアラビア，D国はメキシコである。A国は南半球にあるため，1 月は夏で，日本との貿易がさかんであるので**エ**となる。**ア**は小麦生産が非常に少ないためC国，**イ**は小麦生産が多いのでB国，**ウ**は首都の標高が高いことからD国となる。

(3) B国はヨーロッパ州に属し，同じヨーロッパ州のイギリスで 18 世紀に**産業革命**が始まり，近代工業が発展したので答えは**ウ**。**ア**はアジア州，**イ**は南アメリカ州，**エ**はアフリカ州である。

(4) 乾燥帯のため降水量が非常に少なく，砂漠が広がり，河川やオアシスの近くでないと農作物の栽培には向かない地域が多い。

(5) ① メキシコやアルゼンチンなどの国々がある中南アメリカをスペインが植民地とし，ブラジルのみポルトガルが植民地とした。これらのスペイン語を話す国々からの移民のことを，ヒスパニックと呼ぶ。
② 先進国は出生率が低下し人口が停滞する「つりがね型」から，さらに出生率が低下し人口が減少する「つぼ型」へと変化している。発展途上国は出生率が高く人口が増加する「ピラミッド型」の人口ピラミッドになる。

2 (1) 天智天皇のあと継ぎをめぐり，天皇の子の大友皇子と天皇の弟の大海人皇子が争う**壬申の乱**がおこり，乱に勝った大海人皇子が天武天皇となった。天武天皇の死後，その皇后が持統天皇となり，中国にならった初の本格的な都の藤原京へ移った。その後，平城京がつくられた。

(2) 平城京は，唐の都の**長安**(現在の西安)を手本にしてつくられた。また，正倉院に納められている五絃琵琶には，ナツメヤシやフタコブラクダが見られるなど，西アジアや中国の影響が大きいのが天平文化の特徴である。

(3) 元軍の攻撃は退けたものの，恩賞としての土地を御家人に十分に与えることができなかった幕府が，徳政令を出した。**イ・ウ・エ**は元寇前のできごとである。

(5) 南蛮人と呼ばれたポルトガル人やスペイン人との南蛮貿易では銀が輸出され，中国産の生糸や鉄砲・火薬などが輸入された。

(6) **ウ**の参勤交代は武家諸法度に規定された。徳川家光の時期に関係するできごとは他に，**島原・天草一揆**がある。**ア**は寛政異学の禁で，松平定信が寛政の改革で行った。**イ**は豊臣秀吉が行った太閤検地であり，米の生産量を石高で表した。**エ**は田沼意次が行った。

(7) 1840 年に始まった中国(清)対イギリスのアヘン戦争で，幕府は中国の劣勢を察知していた。そのため，老中の水野忠邦はそれまでの異国船打払令での撃退方針を改め，外国船にまきや水を与えて帰国させるようにし，その一方，軍事力を強化することを目ざした。

3 (1)①日本国憲法では，**基本的人権**として，平等権，自由権，社会権，そして人権保障を確かなものにするための権利として，請求権と参政権を定めている。そして自由権を，身体の自由，経済活動の自由，精神の自由として認めている。**イ**は身体の自由に含まれるものである。**ア**は請求権の１つで裁判を受ける権利，**ウ**は参政権，**エ**は平等権である。

② ⅰ…正式名称はドイツ共和国憲法。憲法制定議会の地名にちなんで，**ワイマール憲法**とも呼ばれる。国民主権，普通選挙の他，労働者の権利を取り入れた社会権を認めている。

ⅱ…日本国憲法で社会権としているのは，**生存権**，教育を受ける権利，勤労の権利，労働基本権（労働三権：団結権，団体交渉権，団体行動権〈争議権〉）である。**ア**は参政権のうちの１つ，**ウ**は自由権の中の，経済活動の自由に含まれるものである。

(2)日本国憲法の施行後，世の中の変化にともない，憲法には直接の規定はないが，第13条の幸福追求権や第25条の生存権を根拠として認められるようになってきたのが**新しい人権**である。環境権，プライバシーの権利，自己決定権などがあり，自己決定権の１つに，医療現場でのインフォームド-コンセントがある。

(3)①**国民審査**は参政権の１つ。最高裁判所裁判官が適任かどうかを投票により審査する。任命後初の衆議院議員総選挙と，その後，10年を経過した後に行われる衆議院議員総選挙で，国民の審査を受ける。投票で過半数が不適任とすると罷免される。国民審査の用紙には，不適格とする最高裁判所裁判官の氏名の上に，×印をつけるようになっている。

②**イ**は国会の仕事，**ウ**は内閣総理大臣の仕事，**エ**は国会から内閣への矢印，**カ**は内閣から裁判所への矢印にあてはまる。

③Ｆは**違憲審査権**（違憲立法審査権，法令審査権）を示しており，各裁判所が具体的な裁判を行うことで，国会が定めた法律の合憲・違憲を審査する。これは，憲法が国の**最高法規**であり，憲法に反する一切の法律や命令な

どはその効力がない，とする第98条による。また，合憲・違憲の最終判断は最高裁判所が下すことから，最高裁判所は「憲法の番人」と呼ばれる。

4 (1)①**ウ**（安土桃山時代の1576年）→**エ**（安土桃山時代の豊臣秀吉による朝鮮侵略。1592年の文禄の役）→**ア**（江戸時代の1615年の大阪夏の陣）→**イ**（江戸時代の1635年）の順となる。年代は困難だが，人物とできごとをおさえることで解答できる。

② 1573年に**織田信長**によって第15代将軍の足利義昭が追放されて，室町幕府が滅んだ。「室町」の名は，第３代将軍の**足利義満**が京都の室町に幕府を移したことによる。

(2)①**ア**の渡来人は，４世紀から７世紀ごろの古墳時代に朝鮮半島から日本に移り住んだ人々である。**イ**の最澄は，804年に遣唐使に従って唐へ渡り，帰国後，比叡山に延暦寺を開いた。

②**カ**の遣唐使の停止は，894年に菅原道真が唐の衰えと航海の危険性から提案したためである。**キ**の百済滅亡は飛鳥時代の660年であり，百済救援のため，663年に**白村江の戦い**が行われた。

③国風文化は，平安時代の遣唐使停止前後から発達した，日本の風土や生活，心情に合った貴族の文化である。

(4)①法律案を提出できるのは，国会議員（衆議院議員，参議院議員）または内閣であり，衆議院，参議院のどちらに先に提出してもよい。

②**カ**は両院とも行うが，衆議院に先に審議する権利である予算先議権がある。また，法律案の議決に関しては，参議院が法律案を否決，または，法律案を受け取ったのち60日以内に議決しないときは，衆議院で出席議員の３分の２以上で再可決すれば法律として成立するという，**衆議院の優越**が適用される。**キ**と**ケ**はともに両議院が行うが，衆議院の優越は適用されない。

POINT 衆議院の優越に関しては，適用事項，参議院が否決，または，一定の日数以内に議決しなかった場合の扱いを確認しておく。

高校入試模擬テスト ②

本文 p.64〜67

1 (1)黒潮　(2)①岡山市　②ウ

(3)B…鹿児島県　D…秋田県

(4)①(例)日本は石油の産出量が少な
く，原料となる石油を船で輸入
するのに便利なため。

②太平洋ベルト

2 (1)X…ア　Y…エ　(2)イ　(3)イ

(4)ア　(5)ベルリンの壁

(6)(例)ヨーロッパを中心におきた第
一次世界大戦により，日本がヨー
ロッパ諸国に代わりアジアへの<u>輸
出</u>を増やし，<u>景気</u>が良くなった。

3 (1)ア　(2)エ　(3)ア

(4)D…イ　E…エ

(5)(例)<u>国債</u>を金融機関から買うこと
で，<u>金融機関の通貨量を増やす</u>

4 (1)倍増　(2)ウ→イ→ア　(3)ウ

(4)オランダ風説書

(5)①ウ　②円高

③(例)石油などの価格が<u>上昇</u>し，
そのため<u>物価</u>も上昇した。

解　説

1 (1)千島海流の親潮に対し，日本海流は黒潮
とも呼ばれる。この2つの海流がぶつかる三
陸沖には，好漁場となる**潮目**(潮境)ができる。

(2)①県名と県庁所在地名は，Pが岩手県・盛岡
市，Qが石川県・金沢市，Sが沖縄県・那覇
市である。

②Qは日本海側に位置しているため，冬の北
西季節風や対馬海流の影響で，冬の降水量が
多くなる。Pは太平洋側であるが緯度が高い
ため，気温の低い**エ**，Rは瀬戸内にあるため，
降水量の少ない**ア**，Sは緯度が低いため，特
に冬の気温が高い**イ**である。

(3)Bは普通畑の割合が高いことから，**シラス台
地**の広がる鹿児島県，Cは樹園地の割合が高
いことから，みかんなどの栽培がさかんな和

歌山県，Dは田の割合が高いことから，稲作
がさかんな秋田県である。

(4)鉱産資源や工業原料に乏しい日本は，船舶を
利用しての輸入に頼る割合が大きい。そのた
め，工業地域や工業地帯は，輸入品を扱いや
すい臨海部に集中している。

2 (1)**イ**は1868年から始まった，旧幕府軍と明
治政府軍の戦いの名称，**ウ**は西南戦争の中心
人物である。

(2)シベリア出兵の影響で商人による米の買い占
めや売り惜しみがおこり，米不足から米価が
大幅に値上がりした。その後富山県での米の
安売りを求める動きが全国へ広まり，「**米騒
動**」と呼ばれた。**ア**は日露戦争後1905年の
ポーツマス条約締結後の様子，**ウ**は日清戦争
後1895年の下関条約締結後の様子，**エ**は
1875年のできごとである。

(3)**ウ**(1929年)→**エ**(1931年)→**イ**(1933年)→**ア**
(1937年)の順である。

(4)**ア**は1950年に始まった。日本は**特需**により，
戦後復興が早まった。**イ**は，南ベトナム政府
軍と反政府軍の内戦に，1965年，アメリカ
軍が介入して始まった戦争である。**ウ**は
1973年に始まった，イスラエルとアラブ諸
国間の戦争であり，アラブの産油国による石
油価格の大幅値上げにより**石油危機**が発生し，
日本では高度経済成長が終わった。**エ**は，国
連決議を無視するイラクに対し，1991年に
行われた，アメリカ軍を中心とする多国籍軍
による対イラク戦争である。

(5)**ベルリンの壁**は，東西冷戦中の1961年に築
かれた。

(6)**第一次世界大戦**でヨーロッパ諸国の生産が軍
需中心となるなか，ヨーロッパ各国がアジア
への支配力を弱めざるを得ない状況となった
ため，日本は中国などへ綿織物を中心に輸出
を伸ばした。また，ドイツからの輸入が途絶
えた化学肥料や薬品の国産化が進み，工業生
産額が農業生産額を追い越した。

3 (1)**労働基準法**は，労働条件の最低基準を定
めた法律であり，1日8時間以内，1週間40
時間以内の労働や，男女同一賃金，満18歳

21

未満の深夜労働の禁止，少なくとも週1回の休日などを定めている。**ア**は男女同一賃金に違反する。

(2)**ア**のクーリング-オフ制度は，訪問販売や電話勧誘販売などでの商品購入契約を，一定期間内であれば無条件に解除できるものであり，欠陥商品の損害賠償を求める**製造物責任法（PL法）**ではない。**イ**のクレジットカードは，後払いで銀行の口座から商品代金が引き落とされるしくみのカードであり，現金を前払いしておくカードは，プリペイドカードと呼ばれる。**ウ**の機関は消費者庁であり，公正取引委員会は，**独占禁止法**を運用する機関である。**エ**のアメリカのケネディ大統領は，「安全を求める権利」「知らされる権利」「選択する権利」「意見を反映させる権利」という消費者の4つの権利を1962年に発表し，各国の消費者行政に影響を与えた。

(3)**イ**は，現在くらしに困っている人々に，生活保護法に基づいて生活費などを支給するものである。**ウ**は障がい者や高齢者などの社会的弱者の救済のため，施設やサービスの充実を図るものである。**エ**は将来の生活に備えて掛け金を支払い，必要時にサービスや現金を受け取ることができる制度であり，社会保障制度の中心となっている。

(4)売り手の価格と数量の関係を示したのが供給曲線，買い手の価格と数量の関係を示したのが需要曲線である。価格がaのとき，供給量が需要量よりも多いため商品が余る。しかし，値下げすると需要量が増える可能性がある。

(5)**公開市場操作**は，日本銀行が金融機関との間で国債などを売買して，景気の調整を行うものである。不況時は，日本銀行が金融機関のもっている国債などを買い取り，その代金を支払う。金融機関は手もちの資金が増えるので，低い金利で企業などへお金を貸し出す。借りた企業は，生産設備の増加などで生産を活発にすることができる。すると，労働者の給料が上昇するので，商品の購買が進み，不況から脱却することが期待できる。

4 (1)所得倍増は**国民所得倍増計画**ともいい，

1960年に池田勇人内閣が，10年間で国民所得を2倍にすることを目ざしたものである。

(2)**ウ**（ベトナム戦争終了後の1976年）→**イ**（1989年のベルリンの壁が崩壊した翌1990年）→**ア**（1991年。ソ連が崩壊し，独立国家共同体〈CIS〉が誕生する）の順となる。

(3)16世紀は，1501年から1600年までの100年間である。**ア**は1206年で，日本の鎌倉時代のできごとである。**イ**は1789年のフランス革命時に出されたフランス人権宣言についてである。このころ日本は江戸時代であり，1787年から松平定信が寛政の改革を始めている。**ウ**は1522年であり，15世紀末のコロンブスやバスコ=ダ=ガマらとともに，大航海時代のできごとである。これらの航海の結果，スペインやポルトガルが世界へ植民地支配を広げることとなる。**エ**は1840年であり，アヘン戦争でイギリスに敗れた中国（清）は**南京条約**を結んだ。

(4)オランダ風説書とは，オランダ船が入港するたびに，長崎の出島に置かれたオランダ商館の館長が江戸幕府に提出した，海外情報の報告書である。

(5)①富山県の神通川流域でイタイイタイ病，熊本県の水俣市を中心に水俣病，三重県の四日市市で四日市ぜんそく，新潟県の阿賀野川流域で新潟水俣病がおこっており，**四大公害病**として知られている。

②円高とは円の価値が上がること，円安とは円の価値が下がることである。1ドルという**財**（形のある商品）を購入するのに，Xまでの時期は350円以上を払っていたが，Yの時期は300円以下ですむので，円高である。逆にYの時期からXの時期を見ると，円安である。

③石油危機とは，第四次中東戦争がきっかけとなっておこった世界的な経済混乱のことで，オイルショックとも呼ばれる。日本では，石油価格の高騰でさまざまな商品が値上がりし，品物が不足する事態となった。

POINT　円高と円安の意味，その貿易や輸出入品の金額に与える影響，日常生活への影響などを，正確に理解しておく。

高校入試模擬テスト ③

本文 p.68〜72

1 (1)イ　　(2)西経 90 度

(3)(例)キトは標高の高いアンデス山脈中にあるため。

(4)①イギリス　②A…ア　B…ウ

③アメリカ合衆国

2 (1)イ　　(2)ア

(3)前橋市・さいたま市　(4)ウ

(5)(例)夏の気温が低い気候をいかして、夏に多くのレタスを出荷している。

3 (1)①口分田（くぶんでん）　②エ　(2)ア

(3)①足利義政（あしかがよしまさ）　②下剋上（げこくじょう）　(4)エ

(5)(例)米の収穫量は不安定だが、地価を基準とした地租（ちそ）にすると税収が安定するため。

(6)国民

4 (1)ウ・エ(順不同)

(2)X…イ　Y…ウ

(3)(例)権力が 1 か所に集中することを防ぎ、国民の自由や権利を守るため。

(4)エ　　(5)A…イ　B…ア

(6)イ　　(7)ア

5 (1)イ　　(2)執権（しっけん）

(3)(例)工場に人を集め、分業と協業で製品をつくる。

(4)①ア　②ア

(5)①条例　②選挙管理委員会

解説

1 (1)日本は、兵庫県明石市（あかしし）を通る東経 135 度を**標準時子午線**としているので、**イ**となる。

(2)東京とシカゴの時差が 15 時間、経度 15 度で 1 時間の時差があるため、15 時間の時差は、経度差が 225 度となる。225 度から東京と本初子午線の通るロンドンとの経度差の東経 135 度を引くと 90 度となる。

(3)キトもマナオスも赤道付近に位置するため、緯度（いど）から考えると熱帯となる。しかし、マナ

オスが低地に位置するのに対し、エクアドルの首都のキトは、アンデス山脈の標高約 2800 m にあるため、同じような緯度でも気温が低くなる高山気候となる。

(4)①人口密度は「人口÷面積」で求められる。アメリカ合衆国は約 34 人、中国は約 150 人、オーストラリアは約 3 人、イギリスは約 283 人、タイは約 137 人である。

②Aは、中国やタイの割合が高いことから、アジアの気候に適した、アジアの主食の米である。Bは、中国の割合は高いが、アメリカ合衆国などの国々の割合も高いことから、パンの原料の小麦である。なお、**イ**は地中海沿岸の国々、**エ**はブラジル、**オ**は中国やインド、ケニア、スリランカなどで生産が多い。

③ 1970 年代から、広く安い土地と石油などの鉱産資源があるために発展したのが**サンベルト**である。

2 (1)**ア**は日本の最南端（さいなんたん）、**ウ**は択捉島（えとろふ）などとともに北方領土の 1 つ、**エ**は日本の最西端である。なお、最東端は**南鳥島**である。

(2)やませは、**冷害**をもたらす風である。**イ**は関東地方に冬に吹（ふ）く、乾燥（かんそう）した北西の風、**ウ**は中緯度の上空を吹く西寄りの風、**エ**は北アメリカ大陸南部のカリブ海やメキシコ湾などで発生する熱帯低気圧（りん）である。

(3)群馬県と埼玉県の県庁所在地である。

(4)石油化学工場は、石油の輸入に便利な沿岸部に**石油化学コンビナート**をつくっている。**ア**は九州や関東、北陸、東北などの内陸部に多いため、半導体(IC)工場である。半導体工場は、きれいな空気と水、広大な土地があり、空港や高速道路沿いなど、交通の便利な場所に立地する。九州は、半導体の原料であるシリコンを生産し、それをもとに半導体製造がさかんなことから、シリコンアイランドとも呼ばれた。**イ**は愛知県を中心とするため、自動車工場である。自動車工場は、高速道路などにより交通の便利な、広大な土地がある場所に立地する。

(5)長野県は県全体の平均標高が高いため、平地より気温が低くなる。その中でも野辺山原（のべやまはら）は

標高 1350〜1400 m のあたりに位置している。

3 (1)①律令制度では，6歳以上の男女に口分田を与え，死後，国に返させる**班田収授**が行われていた。

②**ア**は鎌倉時代や室町時代の荘園を管理する武士，**イ**は室町時代の京都の裕福な商工業者，**ウ**は律令制下で地方の国を管理した役人であり，都から貴族などが派遣された。

(2)日本の時代と対応させてみると，**ア**は鎌倉時代初期の 1206 年，**イ**は室町時代の 1522 年，**ウ**は飛鳥時代の 610 年ごろ，**エ**は飛鳥時代の 676 年である。

(3)①足利義政のあと継ぎ問題に守護大名の勢力争いがからみ，11 年間にわたり京都を中心に争ったのが応仁の乱である。足利義政のころの文化を**東山文化**といい，今日の和風建築のもととなる**書院造**が取り入れられた。銀閣と同じ敷地にある東求堂同仁斎が書院造の代表的なものである。

(4)**ア**は江戸後期の化政文化期，**イ**は鎌倉文化期，**ウ**は桃山文化期の人物である。

(5)江戸時代の年貢率は藩により異なったうえ，米の収穫量は天候の影響を受けて，年により変動した。明治時代となり，近代国家建設には全国的に統一された安定した財源が必要であった。

(6)大日本帝国憲法では，天皇が主権者であった。

4 (1)**ア・イ・オ**は内閣の仕事である。

(2)裁判員制度による裁判員裁判は，**地方裁判所**を第一審とする刑事裁判のみで行われる。6 名の裁判員が，3 名の裁判官とともに行う。

(3)権力が 1 か所に集中すると，権力の行きすぎによって国民の基本的人権が侵害される恐れがある。それを防ぐため，立法権，行政権，司法権に分割し，互いに抑制と均衡関係を保たせている。

(4)**間接税**とは担税者と納税者が異なる税であり，担税者と納税者が同一であるのが**直接税**である。**ア**は所得税，**イ**は法人税，**ウ**は相続税で，すべて国税の直接税である。**エ**は消費税であり，国税の間接税である。なお，消費税などの間接税は，国民全員が，所得金額に関係な

く同じように負担するため，所得税などの累進課税とは逆に，低所得者ほど負担感が大きい**逆進性**が生じる。

(5)高齢社会の影響を受け，医療費などを含む社会保障関係費の割合がもっとも高いことからAが**イ**。税収入が伸びないため，**国債**を発行して得た**公債金**の元金と利子の返済である**国債費**の割合も高く，Bが**ア**。なお，Cが**エ**，Dが**ウ**である。

(6)さんまが不漁で供給量が減っても，必要とする量である需要量は極端には減らず，需要量が供給量を上回る状態となり，価格が上がる。**ア**は流通の問題である。**ウ**の電気料金は**公共料金**であり，需要量や供給量の影響はほとんど受けない。**エ**は供給量が需要量を上回った場合である。

(7)**イ**は米国・メキシコ・カナダ協定，**ウ**は世界貿易機関，**エ**は国連教育科学文化機関の略称。

5 (1)**ア**は鎌倉時代の 1221 年，**イ**は室町時代の 1404 年，**ウ**は鎌倉時代の 1232 年，**エ**は鎌倉時代の承久の乱後である。

(2)源 頼朝の妻の北条政子の父親が初代執権となって以降，北条氏が代々執権となり，政治を独占した。

(3)**工場制手工業**（マニュファクチュア）についての文で，仕事を手分けする分業と，力を合わせ 1 つの仕事を仕上げる協業で生産を行った。

(4)①江戸幕府最後の将軍である徳川慶喜が政権を朝廷に返す**大政奉還**を 1867 年に行ったため，江戸幕府が滅びた。**イ・ウ・エ**はすべて明治時代のできごとである。

②地形図上での長さから実際の距離を求めるには，地形図上での長さに，縮尺の分母をかければよいので，7.8（cm）×25000＝195000（cm）＝1950 m となる。

(5)②住民が首長の解職請求をする場合，その地方公共団体の有権者の 3 分の 1 以上の署名を集め，その署名を**選挙管理委員会**へ提出し，解職の請求をする。

POINT　地方自治での直接請求権の種類と必要な署名数，請求先，そして，請求後に行われることを整理し，理解しておく。